HISTORIQUE

DE

L'ASSOCIATION PHILOTECHNIQUE

DE BOIS-COLOMBES

Fondée le 11 Octobre 1878

(RECONNUE D'UTILITÉ PUBLIQUE PAR DÉCRET DU 7 MAI 1888)

Par G. LAMORT

Secrétaire du Conseil d'Administration

1894

—

(Tous droits réservés)

ASSOCIATION PHILOTECHNIQUE

DE

BOIS-COLOMBES

PRÉFACE

Que nos lecteurs soient bien persuadés que notre travail n'a aucune prétention littéraire et qu'ils oublient la forme pour n'en retenir que le fond.

Frappé de ce que notre Association ne possédait que des archives incomplètes, nous avons essayé de combler cette lacune en écrivant l'*Histoire de l'Association Philotechnique* de Bois-Colombes.

Notre intention première était de faire un exposé aussi succinct que possible, mais le grand nombre de matériaux que nous avons réunis, nous a obligé à dépasser quelque peu les limites du cadre que nous nous étions imposé. Nous avons fait des recherches à la Bibliothèque Nationale, au Ministère de l'Instruction publique, à la Préfecture de la Seine, à la Préfecture de Police et nous avons largement puisé dans les collections de l'*Avenir de Bois-Colombes* et de la *Gazette de Neuilly*, gracieusement mises à notre disposition. Les rapports et les notes personnels de MM. Argentié et Bonnaure nous ont été aussi de précieux auxiliaires. Nous sommes heureux de leur témoigner publiquement nos remerciements ainsi qu'à tous ceux qui ont facilité notre tâche en nous aidant de leurs souvenirs.

Notre but est de retracer l'Histoire vraie de notre Association et de rendre hommage aux gens de cœur et d'esprit qui, de près ou de loin, ont contribué au développement et à la prospérité de cette œuvre de bien.

Puissions-nous avoir réussi !

G. LAMORT.
Secrétaire de l'Association Philotechnique.
Bois-Colombes, Mai 1894.

HISTORIQUE
DE L'ASSOCIATION PHILOTECHNIQUE
DE BOIS-COLOMBES

Pour permettre à nos lecteurs de se rendre un compte exact du chemin parcouru, depuis l'Empire, en ce qui concerne l'Instruction, il nous faut refaire brièvement l'histoire de la fondation de la première École Communale dans Bois-Colombes.

En 1868, notre Section, qui comptait 2,100 habitants, ne possédait pas la moindre école. Frappés de ce lamentable état de choses, des esprits généreux, tels que MM. Argentié, Caron, Daux, Lesage, Pillot, nous en passons et des meilleurs, résolurent de fonder dans notre pays une Société d'Instruction primaire. Chacun de nos concitoyens apportant son obole, cette Association naissante put envoyer la même année 34 garçons et 17 filles suivre les cours des Institutions Castets et Argentié.

Malheureusement, l'Année terrible ralentit l'élan et, en 1871, 16 garçons et 11 filles seulement fréquentaient encore les deux Institutions.

La paix conclue, la France débarrassée du joug de l'oppresseur, on se remit à l'œuvre. Au bout de deux années d'efforts, en 1873, le Conseil d'administration de la Société de l'Instruction primaire de Bois-Colombes parvient à arracher au Département une petite subvention de 5,000 francs, et aux communes d'Asnières et de Colombes une autre de 1.500. Les dons et les cotisations affluant à la Société, on put, en 1874, créer une École Communale gratuite pour chaque sexe : l'une, située rue de la Côte-Saint-Thibault et l'autre, rue des Carbonnets. Ce n'est que le 1er juillet 1875 que l'État, d'accord avec la Commune et le Département, prenait à sa charge le budget des Écoles Communales. L'Association de l'Instruction primaire de Bois-Colombes ayant atteint son but, se dispersa silencieusement avec la satisfaction du devoir accompli. Qu'elle nous permette de lui exprimer ici nos meilleurs sentiments de reconnaissance.

Si l'Instruction primaire était définitivement fondée dans notre pays, il restait cependant encore un grand pas à franchir. Depuis longtemps toutes les communes environnantes : Asnières, Courbevoie, Clichy, Levallois, Neuilly, Puteaux possédaient des cours d'adultes, alors que Bois-Colombes n'avait point encore songé à compléter l'instruction élémentaire que ses enfants recevaient aux Écoles Communales.

C'est dans une causerie intime que prit naissance l'idée de doter Bois-Colombes d'une Association d'Instruction complémentaire. Au mois de juin 1878, MM. Fierfort et Mertens se trouvaient réunis chez M. Argentié pour mettre à jour les comptes de la fête annuelle.

Le travail terminé, ces Messieurs émirent l'idée de la fondation d'une Association Philotechnique à Bois-Colombes. M. Argentié leur apprit qu'il fréquentait assidûment l'Association Philotechnique d'Asnières, qu'il en avait étudié le fonctionnement et que la réalisation ne pouvait en être que très facile dans un pays qui, comme le nôtre, comptait, et compte encore aujourd'hui, une véritable phalange de lettrés, de savants et d'artistes.

On décida, séance tenante, de convoquer à bref délai un groupe d'amis, afin d'étudier les moyens pratiques pour atteindre le but proposé.

C'est ainsi que le 1er juillet 1878, MM. Barthe, Cottin, Danguy, Duforêt, Fierfort, Mertens, Portet et Sanglier, réunis chez M. Argentié, adoptèrent le principe de la fondation d'une Association Philotechnique et s'engagèrent à faire une propagande active en faveur de l'œuvre naissante. Ils tinrent parole, car, en moins d'un mois, plus de cent adhérents s'étaient fait inscrire et, dans la réunion du 3 août 1878, un Comité provisoire était nommé, avec mission d'élaborer un projet de Statuts et de Règlement intérieur. Le 6 septembre, ce Comité provisoire adressait à M. le Préfet de Police une demande d'autorisation ainsi conçue :

Demande d'autorisation de fonder une Association philotechnique à Bois-Colombes. — Siège social chez M. Sanglier, secrétaire, 3, Villa Du Bois.

Bois-Colombes, 6 septembre 1878.

Monsieur le Préfet,

Les soussignés ont l'honneur de solliciter de votre bienveillance l'autorisation de fonder à Bois-Colombes, annexe de Colombes (Seine), une Association Philotechnique ayant pour but de donner gratuitement aux adultes des deux sexes, une instruction appropriée à leurs professions.

Nous prenons la liberté de joindre à la présente un projet de Statuts que nous soumettons à votre haute approbation.

Dans l'espoir que vous daignerez accueillir favorablement notre demande, nous avons l'honneur d'être avec respect, Monsieur le Préfet, vos très humbles et très obéissants serviteurs.

Signé : Argentié, 3, avenue Saint-Germain.
Cottin, 57bis, rue des Carbonnets.
Danguy, 3, chemin d'Asnières.
Duforêt, 70, rue de la Côte-St-Thibault.
Bonneau, 1, impasse Octave.
Fierfort, 62, rue de l'Église.
Gérard, 66, rue des Bourguignons.
Leconte, 52, rue des Aubépines.
Sanglier, 3, villa du Bois.

STATUTS

Article 1er. — Il est fondé à Bois-Colombes une Association Philotechnique dans le but de donner gratuitement, aux adultes des deux sexes, une instruction appropriée à leurs professions.

Art. 2. — Pour atteindre son but, l'Association établit des cours relatifs aux arts, au commerce et à l'industrie. Ces cours (organisés dans les formes prévues par la loi des 12-27 juillet 1875 et auxquels ne seront admis que les élèves régulièrement inscrits ainsi que les Membres de l'Association munis de leur carte) sont divisés en deux séries : les uns, plus élémentaires et plus pratiques, devant servir à compléter l'enseignement primaire ; les autres, d'un caractère plus général, visant à développer les facultés et à fortifier le goût de la lecture et de l'étude.

A côté des cours proprement dits, l'Association institue des conférences ou des lectures mensuelles à l'usage de tous, sur des sujets littéraires et scientifiques. Ce triple enseignement s'adresse à quiconque veut étendre le cercle de ses connaissances.

Art. 3. — L'Association se compose :
1° De Membres Fondateurs ;
2° De Membres Participants ;
3° De Membres Honoraires.
Sont Membres Fondateurs, les cent premiers Membres inscrits et les Professeurs ou Conférenciers qui offrent leur concours actif à l'Association ; sont Membres Participants, tous les Donateurs et tous ceux qui, ayant adhéré aux présents Statuts, s'inscriront pour une cotisation annuelle d'au moins 6 francs ; sont Membres Honoraires, tous ceux auxquels ce titre sera conféré par l'Assemblée Générale de l'Association.

Art. 4. — L'entrée aux Cours des deux degrés et aux Conférences est gratuite.

Art. 5. — L'Association distribuera chaque année, à la fin des Cours, des récompenses et encouragements aux élèves qui s'en seront rendus dignes par leur assiduité, leur travail et leurs progrès.

Le Conseil d'Administration pourra également décerner des diplômes ou médailles aux personnes, professeurs ou autres, dont il voudrait reconnaître les services exceptionnels.

Art. 6. — L'Association est administrée par un Conseil composé de 21 Membres. Ce Conseil est élu en Assemblée Générale, au scrutin secret, à la majorité absolue des Membres présents : il se renouvelle par tiers chaque année. Les deux premiers tiers sont désignés par le sort. Les Membres sont rééligibles.

Art. 7. — Le Conseil d'Administration fixe lui-même son Règlement intérieur et élit, à la majorité absolue et au scrutin secret, son bureau, composé : d'un Président, de deux Vice-Présidents, d'un Directeur des Cours, de trois Secrétaires, d'un Trésorier et d'un Comptable.

Art. 8. — L'Assemblée Générale se tiendra régulièrement dans le courant de juin, après la distribution des prix et récompenses.

Art. 9. — Après trois absences sans excuse valable, aux séances du Conseil, les Membres du Conseil sont considérés comme démissionnaires.

Art. 10. — Un Rapport sera publié chaque année sur les travaux de l'Association.

Art. 11. — Les fonctions de Membres de l'Association sont gratuites ; mais le Conseil pourra allouer des indemnités que les cours et les professeurs nécessiteraient.

Art. 12. — Les Comptes rendus, Rapports et Procès-Verbaux des Assemblées générales et des séances du Conseil d'administration seront consignés sur des registres spéciaux.

Art. 13. — Aucune demande de revision des Statuts ne pourra être portée devant l'Assemblée générale, qu'autant qu'elle lui serait soumise par le Conseil d'administration ou réclamée par une demande écrite signée de quinze Membres sociétaires au moins.

Cette demande devra être communiquée au Conseil un mois avant l'Assemblée générale : mention en sera faite, avec le texte de la modification demandée, sur les lettres envoyées à tous les Sociétaires.

Art. 14. — La majorité requise, pour qu'une modification aux Statuts soit adoptée, sera des deux tiers au moins des Membres présents. Le scrutin secret sera de droit s'il est demandé.

Art. 15. — Toute modification aux Statuts, adoptée en Assemblée générale, devra être soumise à l'approbation de l'Autorité supérieure.

En même temps on adressait à la population, par voie d'affiches, l'appel suivant :

ASSOCIATION PHILOTECHNIQUE DE BOIS-COLOMBES

Bois-Colombes, qui n'a jamais voulu rester en arrière dans la voie du progrès, vient de fonder une Association Philotechnique dans le but de compléter gratuitement, pour les adultes des deux sexes, l'instruction qui leur a été donnée.

A peine cette idée a-t-elle germé que, grâce au concours actif et dévoué de la plupart des habitants, l'Association se trouve en mesure de commencer ses travaux.

Nous avons donc l'honneur d'informer tous ceux qui s'intéressent aux progrès de l'instruction, à quelque titre que ce soit, que des cours, dont nous donnerons le programme, commenceront sous peu chez M. Argentié, 3, avenue Saint-Germain.

Nous invitons toutes les personnes qui s'intéressent à notre œuvre, et particulièrement les jeunes gens qui pourraient se proposer de suivre les cours, à assister à la Séance d'inauguration, qui aura lieu le 9 octobre 1878, et où les adhésions seront reçues.

Le Comité provisoire.

Signé : Argentié, Bonneau, Cottin, Danguy, Duforêt, Fieffort, Gérard, Lecomte, Sanglier.

Le 17 septembre, le Comité nommait un Conseil provisoire composé de MM. JACOLLIOT, homme de Lettres, *Président ;* le Dr GÉRARD, *Vice-Président ;* COFFINIÈRES, Avocat, *Vice-Président ;* ARGENTIÉ, Chef d'Institution, *Directeur des Cours ;* BARTHE, Imprimeur, *Trésorier ;* SANGLIER, Chef de Comptabilité, *1er Secrétaire ;* COTTIN, Comptable, *2e Secrétaire ;* VINCHES, Comptable, *3e Secrétaire ;* BONNEAU, BONNAURE, CLÉMENT, DUFORÊT, FIERFORT, GLEIZES, GRÉDELUE, JOB, MERTENS, MUTZIG, PORTET, QUÉMONT et SCHMIEDER, *Membres du Conseil.*

Voici la liste des cent premiers Membres inscrits qui, conformément à l'article III des Statuts, furent nommés Membres Fondateurs :

MM. ANGER.	ARGENTIÉ.	BAILLAT.
BARTHE (E.).	BARTHE (L.).	BIENVENUE.
BOIVIN.	BONNARD.	BONNAUD.
BRESSION.	BROSSIER.	BURTIN.
BARON.	CHARIEL.	CHEFSON.
CLÉMENT.	COFFINIÈRES.	COLLET.
COLIN.	COULLON.	COUSIN.
COTTIN.	DELESSERT.	DENGUY.
DENY.	DESCHANEL.	D'IMBERT.
D'INVILLE père.	D'INVILLE fils.	DONRET.
DORVILLE.	DUFORÊT.	DURET.
DUVAL.	FIERFORT.	FLEURY.
FRAZIER.	GAUTHERON.	GÉRALDY.
Dr GÉRARD.	GIRARD.	GLEIZES.
GRIESS.	GUITTON.	HUE.
Mme HUSBAND.	Mlle HUSBAND.	JACOLLIOT.
JAMAULT.	JEANBIN.	JEANNEY.
JOB.	JOLLIVET.	JOZAN.
KRAU-MÉNI.	LAVERGNE.	LEDRAN.
LÉMERY.	LERCH.	Cte DE LOYNES.
MADIER DE MONTJAU.	MALARD.	MAROT.
MÉNÈRE.	MÉROT.	MERTENS.
MUTZIG.	PONTAZIS.	PASSY (F.).
PÉCRON.	PÉQUIGNOT.	PERCEPIED.
PESLIER.	PETIT.	PHILIPPE.
PILON.	PINTA.	PLAYOU.
PORTET.	QUÉMONT.	RENGGUER DE LA LIME.
RIGAUT.	ROUSSEAU.	SANGLIER (A.).
SANGLIER (E.).	Vve SANGLIER.	SCHMEIDER.
SCHULTHESS.	SILLET.	Mme SILLET.
SIBON.	SOULAS.	TALBOT.
TILLETTE.	TOURNAY.	TROGNON.
VACHEROT.	VEYRAT.	VINCHES.
	WARGNY.	

La réunion du 24 septembre a pour but l'établissement du règlement.

RÈGLEMENT

Article 1ᵉʳ. — Le Conseil d'Administration, composé conformément aux Statuts, se réunit sur la convocation du Président, au moins une fois par mois.

Art. 2. — Le Président dirige les séances et maintient l'ordre dans les discussions.

Il délivre les diplômes et signe tous les actes de la Société.

Il fait exécuter les décisions du Conseil.

En cas de partage des voix, il a voix prépondérante.

Art. 3. — Les Secrétaires sont chargés de la correspondance ; ils rédigent les procès-verbaux, contresignent les diplômes et apposent le Cachet de l'Association.

Ils donnent avis des nominations et expédient les lettres de convocation

Ils tiennent à la disposition du Président, ou des Vice-Présidents, toutes pièces ou registres qu'ils ont entre les mains.

Chaque Secrétaire est de service une semaine ; en cas d'absence, le Secrétaire de la semaine suivante supplée.

Art. 4. — Le Trésorier est chargé de la recette et du solde des dépenses. — Il fait toucher les cotisations, ou autres sommes, et en donne quittance au nom du Comité.

L'approbation donnée aux comptes du Trésorier par le Comité lui vaut décharge.

Art. 5. — Il sera pourvu aux vacances du Bureau dans les quinze jours où ces vacances se seront produites. Le nouvel élu n'entre en charge que pour le temps qui reste à courir jusqu'à l'époque réglementaire des élections.

Art. 6. — Pour faire partie du Conseil, il faut être présenté par un Membre à la nomination de l'Assemblée. Aucune présentation ne peut être faite sans avoir été préalablement soumise à l'approbation du Bureau.

Art. 7. — Tous les Membres faisant partie de l'Association, sauf les Membres honoraires, doivent une cotisation annuelle de 6 francs payable par semestre. Tout Membre resté un an sans payer sa cotisation sera considéré comme démissionnaire.

Art. 8. — Les séances du Conseil, comme celles de l'Assemblée générale, sont présidées par le Président ou, à son défaut, par le plus ancien Vice-Président et, en l'absence du Vice-Président, par le plus âgé des Membres du Conseil présents.

Art. 9. — Les procès-verbaux des Séances sont consignés sur un registre spécial et signés par le Président et un Secrétaire.

Art. 10. — Dans chaque séance du Conseil d'administration, le Directeur des cours fait un Rapport sur chacun des cours pendant le mois écoulé.

Art. 11. — Le Conseil désigne les personnes dont il proposera, à l'Assemblée générale, la nomination comme Membres honoraires.

Art. 12. — Le Conseil nomme chaque année, dans le courant de mai, une Commission de cinq Membres pris dans son sein : cette Commission est chargée d'examiner les comptes du Trésorier et d'approuver le Budget préparé par lui. — Ce Budget, après examen par le Conseil, est soumis à l'Assemblée générale.

Art. 13. — Tout Sociétaire ayant une communication à faire au Conseil devra l'adresser par écrit ; il sera ensuite statué sur la suite à donner.

Art. 14. — Les professeurs peuvent être convoqués aux séances du Conseil pour être consultés sur les matières de l'enseignement, sur la rédaction des programmes, etc.

Art. 15. — Les délibérations sont prises à la majorité des Membres présents. — Sur la proposition de trois Membres du Conseil, le vote peut avoir lieu au scrutin secret.

Art. 16. — Les Secrétaires signent, à tour de rôle, les convocations pour le Président ; ils sont chargés tout spécialement de l'exécution des mesures adoptées par l'Assemblée générale ou par le Conseil d'administration.

Art. 17. — Le Président est de droit Membre de toutes les Commissions.

Art. 18. — Il est délivré à chaque élève une carte d'admission aux cours : cette carte est signée par le Président et le Directeur des cours.

Art. 19. — Les cours s'ouvrent, chaque année, au commencement d'octobre et durent au moins six mois ; ils n'ont pas lieu le dimanche et les jours fériés.

Art. 20. — Les professeurs empêchés de faire leur cours devront préalablement en informer le Directeur des cours.

Art. 21. — Le jour et l'heure d'un cours ne peuvent être changés que par une décision du Conseil d'administration.

Art. 22. — Les cours sont gratuits et leur entrée est libre à toute personne porteur d'une carte d'admission personnelle.

Art, 23. — Tout tapage, désordre, scandale de la part d'un Membre de l'Association entraîne de droit sa radiation, sans qu'il puisse réclamer les sommes versées antérieurement.

Ce renvoi est mentionné au procès-verbal de la séance suivante.

Art. 24. — Nul ne peut obtenir les prix décernés par l'Association s'il a obtenu des diplomes.

Art. 25. — Sur la proposition des professeurs, le Conseil statue sur les récompenses à donner aux élèves.

Art. 26. — Les compositions de fin d'année ont lieu, pour tous les cours, dans le courant du mois qui suivra leur clôture.

Art. 27. — Le Règlement ne peut être modifié que sur une proposition signée de cinq Membres et appuyée par les deux tiers au moins des voix des Membres présents.

Article réservé. — Le Conseil prend les mesures qu'il croit utiles ; il arrête le programme des cours, propose la création de nouveaux cours et pourvoit au remplacement des professeurs.

Dans les séances du 1er et du 8 octobre, on arrête le programme des cours des jeunes gens.

Nous croirions manquer à notre devoir de chroniqueur impartial, si nous omettions de parler de la générosité de M. Argentié, qui mit gracieusement les salles de son Institution à la disposition de l'Association.

Programme des Cours

Lundi....	à 8 h. 1/2 Littérature	MM. Jeanney.
	à 9 h. 1/2 Histoire et Géographie ..	Gleizes et Argentié.
Mardi....	à 8 h. 1/2 Allemand	Vinches.
	à 9 h. 1/2 Mathématiques	Bonneau.
Mercredi.	à 8 h. 1/2 Droit Commercial	Coffinières.
	à 9 h. 1/2 Comptabilité	Portet.
Jeudi....	à 8 h. 1/2 Musique et Orphéon ...	Schmieder.
Vendredi.	à 8 h. 1/2 Hygiène	Dr Gérard.
	à 9 h. 1/2 Chimie et Physique ...	Quémont.
Samedi...	à 8 h. 1/2 Anglais	Job.
	à 9 h. 1/2 Dessin	Pécron et Bienvenüe.

Le 11 octobre, le Préfet de Police signait l'arrêté autorisant l'Association Philotechnique de Bois-Colombes à se constituer définitivement, et le 18 le Commissaire de Police de Courbevoie transmettait à M. Cottin, Secrétaire, les pièces suivantes :

Notification et arrêté de M. le Préfet de Police

L'an mil huit cent soixante-dix-huit, le dix-huit octobre,

Nous, Commissaire de Police de la circonscription de Courbevoie,

Notifions à la Société dite : « **Association Philotechnique de Bois-Colombes** », en la personne de M. Cottin, son Secrétaire, demeurant 57bis, rue des Carbonnets, à Bois-Colombes, l'arrêté de M. le Préfet de Police, en date du onze du courant, et dont copie est d'autre part,

Et pour qu'il n'en ignore et ait à se conformer aux conditions y incluses, nous lui avons, en parlant à sa personne, laissé, avec la copie précitée du dit arrêté, notre présent procès-verbal de notification.

Le Commissaire de Police,
Signé : Monentheuil.

PRÉFECTURE DE POLICE
Cabinet

2ᵉ Bureau. — N° 25,756

SOCIÉTÉ DITE
ASSOCIATION PHILOTECHNIQUE
de Bois-Colombes

AUTORISATION

ASSOCIATION PHILOTECHNIQUE
DE
BOIS-COLOMBES

Nous, Préfet de Police,

Vu la demande à nous adressée le 6 septembre 1878, par les personnes dont les noms et adresses figurent sur la date y jointe, demande ayant pour but d'obtenir l'autorisation nécessaire à la constitution régulière d'une Association fondée à Bois-Colombes (Seine), sous la dénomination de : **Association Philotechnique de Bois-Colombes.**

Ensemble les Statuts de la dite Association ;

Vu l'article 291 du Code Pénal et la loi du 10 avril 1834.

Arrêtons :

Article 1ᵉʳ

L'Association organisée à Bois-Colombes sous la dénomination d'**Association Philotechnique de Bois-Colombes**, est autorisée à se constituer et à fonctionner régulièrement.

Art. II

Sont approuvés les Statuts susvisés, tels qu'ils sont annexés au présent arrêté.

Art. III

Les Membres de l'Association devront se conformer strictement aux conditions suivantes :

1° Justifier du présent arrêté au Commissaire de Police du quartier sur lequel auront lieu les réunions ;

2° N'apporter sans notre autorisation préalable aucune modification aux Statuts, tels qu'ils sont ci-annexés ;

3° Faire connaître à la Préfecture de Police, au moins cinq jours à l'avance, le local, le jour et l'heure des réunions générales ;

4° N'y admettre que les Membres de la Société et ne s'y occuper, sous quelque prétexte que ce soit, d'aucun objet étranger au but indiqué dans les Statuts, sous peine de suspension ou de dissolution immédiate ;

5° Nous adresser, chaque année, une liste contenant les noms, prénoms, professions et domiciles des Sociétaires, la désignation des Membres du Bureau, sans préjudice des documents spéciaux, que la Société doit également fournir chaque année, sur le mouvement de son personnel et sur sa situation financière.

Art. IV

Ampliation du présent arrêté qui devra être inséré en tête des Statuts, sera transmise au Commissaire de Police de la circonscription de Courbevoie, qui le notifiera au Président de l'Association et en assurera l'exécution en ce qui le concerne.

Fait à Paris, le onze octobre mil huit cent soixante-dix-huit.

Le Préfet de Police,
Signé : Albert GIGOT.

Pour ampliation,
Le Secrétaire Général.
Signé : de BULLEMONT.

Pour copie conforme,
Le Commissaire de Police.
Signé : MONENTHEUIL.

La séance solennelle d'inauguration de l'Association Philotechnique de Bois-Colombes eut lieu le samedi 19 octobre 1878 dans les salons de M. Boivin, que ce dernier avait bien voulu prêter au Conseil. L'affluence fut telle que l'on dut refuser l'entrée à un grand nombre de nos concitoyens. M. Coffinières, Président, donne d'abord la parole à M. Argeadié, qui, en quelques mots chaleureux, explique le but poursuivi, et annonce que les cours des jeunes gens commenceront le 23 octobre 1878, dans son Institution, 3, avenue de Saint-Germain. Après lui, M. Bonnaure résume brillamment l'Historique de l'établissement de l'instruction primaire dans notre section ; puis, M. Jacolliot, Président de l'Association, l'éminent conférencier de la salle des Capucines, tient le public sous le charme de son éloquence. Il traite de l'Enseignement en général et fait une critique de l'Instruction supérieure, telle qu'elle est donnée en France. La soirée se termine par un concert avec le concours de la Fanfare de Bois-Colombes.

Les cours commencèrent le 21 octobre. L'empressement des élèves ne répondit pas tout d'abord à l'attente générale. Mais bientôt, grâce à la persévérance et au dévouement des professeurs, l'Association comptait 18 auditeurs, comme en fait foi le Rapport du Directeur des Cours daté des premiers jours de janvier 1879.

Les réunions du Conseil provisoire de fin novembre et de la première quinzaine de décembre n'offrent rien de particulier. On s'occupe de l'organisation des Cours des jeunes filles ; on crée un tableau de roulement pour l'inspection des Cours. Restait une difficulté à surmonter, celle de la formation du Conseil définitif de l'Association.

Après une longue discussion, on décidait que tous les Membres formant le Conseil provisoire se présenteraient aux suffrages des adhérents réunis en Assemblée générale le 23 novembre. Comme il était facile de le prévoir, tous les hommes d'action qui avaient fondé l'Association furent élus, à l'unanimité des assistants, Membres du premier Conseil d'Administration de la Philotechnique, composé, comme on l'a vu, de 21 personnes.

A cette séance, dans un remarquable Rapport, notre éminent concitoyen M. Bonnaure, exposa les débuts de la Société et expliqua l'utilité des différents cours. Nous regrettons vivement de ne pouvoir transcrire ici en entier ce travail, mais nous espérons qu'il restera dans les Archives, comme le témoignage de la sollicitude dont M. Bonnaure a entouré les débuts de l'Enseignement complémentaire dans Bois-Colombes.

L'Association n'avait plus qu'à marcher de l'avant. M. Argentié proposait le 26 novembre la fondation d'une Bibliothèque et offrait, ainsi que M. Dahely, un certain nombre de volumes. Le Conseil ratifiait cette proposition et nommait M. Argentié Bibliothécaire ; il décidait ensuite d'adresser une demande de subvention au Conseil général, demande ainsi conçue :

Monsieur le Président,

Messieurs les Conseillers Généraux,

Nous avons l'honneur de solliciter de votre haute bienveillance la faveur de vouloir bien comprendre notre Association dans la liste de proposition des Sociétés Philotechniques devant participer à la répartition des sommes votées par le Conseil Général pour leur venir en aide.

Notre Association, fondée en septembre 1878, obtenait l'autorisation nécessaire à sa constitution le 11 octobre suivant. (*Arrêté préfectoral du 11 octobre 1878.*) Signé : Albert Gigot ; dès le 10 décembre, deux mois après sa fondation, l'Association adressait une demande au Conseil Général dans le but d'obtenir une subvention.

Ce n'est que cinq mois plus tard, le 3 mai 1879, que M. Blanche, Conseiller général pour le canton de Courbevoie, nous adressait une lettre conçue en ces termes :

DÉPARTEMENT
DE LA
SEINE

Paris, le 3 mai 1879.

Conseil Général

Monsieur le Président,

J'ai l'honneur de vous annoncer que la Commission des finances du Conseil Général de la Seine a écarté, *pour cette année*, votre demande d'une subvention pour la Section Philotechnique de Bois-Colombes, parce que votre Société n'a pas encore un an d'existence et que le Conseil Général a depuis longtemps posé en principe que les Sociétés d'enseignement doivent avoir déjà fait preuve de vitalité pour avoir droit aux secours.

La Commission est d'ailleurs très favorable à votre demande, que je vous engage à renouveler l'année prochaine, et je suis persuadé qu'alors vous aurez satisfaction ; seulement je vous serai obligé de m'envoyer, avant la session de novembre, une note des résultats que vous avez obtenus : nombre de Cours et nombre d'élèves.

Veuillez agréer, Monsieur le Président, l'assurance de ma considération la plus distinguée.

Signé : BLANCHE, Conseiller Général.

Dans cette même séance du 10 décembre, le Conseil arrête définitivement le programme des Cours des jeunes filles qui est ainsi composé :

Jour	Heure	Matière	Professeur
Lundi	à 8 h.	**Français**	MM. JEANNEY.
	à 9 h.	**Histoire et Géographie**	VINCHES.
Mardi	à 8 h.	**Mathématiques**	CLÉMENT.
	à 9 h.	**Musique**	SCHMEIDER.
Mercredi	à 8 h.	**Comptabilité**	SANGLIER.
	à 9 h.	**Physique**	BONNEAU.
Jeudi		**Lectures et Conférences**	X.
Vendredi	à 8 h.	**Dessin**	Mlle GROSMENIL.
	à 9 h.	**Coupe**	X.
Samedi	à 8 h.	**Hygiène**	MM. Dr GÉRARD.
	à 9 h.	**Botanique**	QUÉMONT.

Le Conseil remercie le Maire, M. Guillot, qui met à la disposition de l'Association l'Ecole communale des filles, mais à la condition de nommer à la direction de ces Cours M⁰⁰ Sillet, la Directrice de l'Ecole. Il vote un crédit de 60 francs pour fonder le laboratoire de chimie et il porte de 50 centimes à 2 francs la cotisation mensuelle des Membres du Conseil.

Dès les premiers jours de l'année 1879, l'Association est saisie d'une proposition de notre concitoyen, M. Toutain, qui lui offre de construire un local pour ses cours et ses réunions. L'idée mérite qu'on s'y arrête, car elle rencontre beaucoup d'adhérents parmi les Membres du Conseil, mais M. Toutain, ayant posé la condition d'un bail de 15 ans, le Conseil, après différentes délibérations, ne donne pas suite à ce projet. Loin de nous la pensée d'en critiquer le Conseil, qui avait à guider les premiers pas d'une Société dont le lendemain n'était pas encore assuré.

Nos lecteurs nous sauront gré de passer sous silence les différences d'opinion qui s'affirmèrent au sein même du Conseil durant cette première année. Si certains même ont pu compromettre l'avenir de l'œuvre par des questions de personnes, d'autres n'ont pas oublié la grandeur du but à atteindre et ont fait franchir à l'Association, par leur tact et leur esprit d'abnégation, des obstacles qui semblaient tout d'abord insurmontables. Nous ne sortirons du reste pas de cette ligne de conduite, et nous ne ferons jamais mention des difficultés qui ont pu surgir à différentes époques. Nous enregistrerons donc simplement les démissions de MM. Coffinières, Gérard, Grédelue, Jeanney, Job et Schneider.

Les cours de l'Association étant suivis presque exclusivement par de jeunes travailleurs, exerçant durant toute la journée des métiers souvent pénibles, le Conseil, pour ne pas surmener la jeunesse, décide de les clôturer dès le début du mois d'avril.

Le 29 juin, la première distribution des prix a lieu, sous la présidence de M. Blanche, Conseiller Général du canton. Nous aurons suffisamment établi le succès de l'Association, lorsque nous aurons dit que 48 prix et 53 mentions furent distribués aux élèves les plus méritants. Dès le début, fut établie la sage coutume de délivrer des livrets de la Caisse d'épargne comme prix, et c'est ainsi que deux jeunes filles, Mlles Marie Petit et Juliette Audoin, et un garçon, M. Léon Meunier, furent jugés dignes de ces récompenses. Le montant de la dépense pour cette distribution a atteint la somme de 103ᶠ,75.

Durant la première année scolaire, les dépenses de l'Association s'élevèrent à 710ᶠ,65 et les recettes à 982 francs.

Le 17 juillet, le Conseil nomme à la Présidence M. Bonnaure ; à la Vice-Présidence M. Bonneau, et secrétaire, M. Sanglier ; il demande à M. Guillot, maire de Colombes, de mettre l'Ecole Communale des garçons, dirigée par M. Wargny, à la disposition de l'Association, comme il l'avait fait pour les Cours des jeunes filles. M. Guillot, tout dévoué à la cause de l'Instruction, accorde la faveur réclamée, et les Cours de l'Association, définitivement installés dans les Ecoles Communales, reprennent le 15 octobre 1879. On enseigne aux jeunes gens, comme aux jeunes filles, le Français, l'Arithmétique, l'Histoire et la Comptabilité.

L'Association devant subvenir : d'une part, aux frais de chauffage et d'éclairage des cours et désirant, de l'autre, donner de l'extension à sa Bibliothèque, adresse, le 15 janvier 1880, une nouvelle demande de subvention au Conseil général de la Seine. Ce n'est que quatre ans plus tard, en novembre 1884, que les Conseillers généraux, persuadés enfin que l'Association Philotechnique de Bois-Colombes était née viable, devaient voter une modeste allocation annuelle de 200 francs.

Dans le mois de février 1880, le Conseil s'occupe de la Bibliothèque. Il nomme une Commission, composée de MM. Argentié, Clément et d'Imbert, avec mission de se procurer des livres partout où elle le pourra. Il vote même un premier crédit de 20 francs pour acheter quelques ouvrages indispensables aux élèves, et un deuxième de 50 francs, qui doit constituer un fonds de réserve pour la Bibliothèque, qui ne comptait encore que 36 volumes.

L'Association fait, à cette époque, une perte bien cruelle en la personne de M. Bonneau, son Vice-Président et Professeur de mathématiques, blessé mortellement lors de l'accident du chemin de fer de Clichy. M. Bonneau, dont le dévouement à l'œuvre commune ne s'était jamais démenti, emporta les regrets de tous ses amis et collègues.

Le Conseil d'administration, justement ému par l'insuffisance des premiers Statuts, nomme une Commission spéciale, avec mission de les réviser, et c'est à MM. Barthe, Duforêt, Fierfort, Mutzig et Sanglier qu'il s'adresse. Cette Commission modifie certains articles et en ajoute de nouveaux. Nous croyons utile d'indiquer à grands traits les principaux changements qui furent proposés par elle et acceptés en Assemblée générale.

Toute communication ne devra être regardée comme émanant du Conseil que si elle est signée du Président ou, en son absence, d'un Vice-Président, et, dans les deux cas, contresignée par le Secrétaire.

Les Écritures et les Comptes sont tenus sous la surveillance du Conseil.

Il nomme, à la fin de chaque année scolaire, une Commission de cinq Membres chargés d'examiner les écritures du Comptable et les comptes du Trésorier, et, enfin d'établir le Budget annuel.

Cette Commission a pleins pouvoirs pour accepter ou contester les Écritures et les Comptes qu'elle a mission d'examiner et en donner bonne et valable décharge aux titulaires.

L'hiver de 1880 ayant été particulièrement rigoureux, le Conseil d'administration jugea prudent d'interrompre les cours pendant les grands froids. Mais désirant sauvegarder l'instruction des élèves, il dérogea pour une fois au principe établi et ne les clôtura que le 30 avril.

La Distribution des Prix fut présidée cette année par M. Émile Deschanel, Député de la Seine, bien connu déjà à Bois-Colombes par un certain nombre de conférences qu'il y avait faites avec un succès toujours grandissant. Il traça, dans cette causerie, le portrait des principaux littérateurs anciens et les proposa comme exemples à ses jeunes auditeurs.

Après lui, MM. Argentié et Rigaut prononcèrent des discours dans lesquels ils firent au public un chaleureux appel en faveur de l'Association. Le premier élan des élèves s'était en effet ralenti, et la meilleure preuve en est que douze Prix seulement furent accordés aux jeunes gens et vingt aux jeunes filles.

Le Conseil étant renouvelable par tiers chaque année, il fut procédé pendant les vacances, conformément aux Statuts, au tirage au sort des Membres sortants pour les trois premières années. Les résultats furent les suivants :

Année 1880. MM. Hue, Genaille, Mutzig, Barthe, Fierfort, Jeanney et Portet.

Année 1881. MM. Clément, Dorville, Duforêt, d'Imbert, Ledran, Malard et Playou.

Année 1882. MM. Argentié, Bonnaure, Girard, Jollivet, Lecomte fils, Pinta et Sanglier.

Il restait bien entendu que si des Membres du Conseil venaient à donner leur démission pendant leur exercice, leurs successeurs ne pouvaient être nommés que pour la période que les démissionnaires auraient encore eu à parcourir.

Dans l'Assemblée générale du 28 juin, on constate que l'enthousiasme des élèves a besoin d'être stimulé et que la situation financière n'est pas sensiblement supérieure à celle de l'année précédente, car, tous frais payés, il ne reste en caisse que la somme de 323 fr. 50. On procède à la nomination du bureau du Conseil : M. Sanglier est élu Président ; MM. Malard et Fierfort, Vice-Présidents ; M. Barthe, Trésorier ; MM. Clément, d'Imbert et Jollivet, Secrétaires. Le Conseil vote deux Livrets de Caisse d'épargne de 15 francs chacun pour encourager l'élève le plus méritant des Ecoles Communales des filles et des garçons, et, depuis cette époque, à chaque Distribution des Prix, l'Association renouvelle ce modeste don.

Nous croyons intéressant de publier ici la liste des Livrets de la Caisse d'épargne décernés par l'Association Philotechnique aux élèves des Ecoles Communales de la Section de Bois-Colombes (1).

Jeunes Gens

1886. . . . Léon BATHEROSSE.
1887. . . . Léon MAURY.
1888. . . . Jean BORNET.
1889. . . . François CHAUSSIS.
1890. . . . Maurice LANDEAU.
1891. . . . Maurice LANDEAU.
1892. . . . Georges MILLIEN.

---

(1) Malgré toutes nos recherches, il nous a été impossible de reconstituer cette liste en entier.

Jeunes Filles

1880.	. . .	Jeanne Desjardins.
1881.	. . .	Alice Chrétien.
1882.	. . .	Marthe Portet.
1883.	. . .	Isabelle Diestch.
1884.	. . .	Albertine Griess.
1885.	. . .	X.
1886.	. . .	Marguerite Desrossés.
1887.	. . .	Marie Vincent.
1888.	. . .	Hélène Chevalier.
1889.	. . .	Joséphine Heurley.
1890.	. . .	X.
1891.	. . .	X.
1892.	. . .	Céline Daurat.
1893.	. . .	Hélène Selme.

L'Association Philotechnique de Bois-Colombes fonctionnait donc depuis deux ans avec une régularité parfaite. Elle pouvait, à juste titre, considérer son avenir comme assuré. Il ne lui restait plus qu'à suivre la voie qu'elle s'était tracée. Notre petite cité avait pris rang parmi toutes les grandes villes qui avaient compris la valeur de ce mot de Bismarck : « *Ce ne sont pas nos baïonnettes qui ont remporté la victoire, ce sont nos instituteurs qui ont battu ces sales Français.* » Le Chancelier de Fer avait dit vrai.

Pour devenir de véritables soldats, nos enfants doivent, avant tout, posséder une instruction solide : Bois-Colombes avait entendu cette dure leçon et en avait fait son profit. Quand on songe que l'Empire avait volontairement laissé les masses dans l'ignorance, on ne peut s'empêcher de célébrer la République, qui aura eu la gloire de décréter l'Instruction laïque et obligatoire pour tous.

Nous croirions manquer à nos devoirs de reconnaissance si nous n'exprimions encore une fois ici les remerciements de tous à nos concitoyens qui avaient bien voulu, en fondant cette Société d'Instruction complémentaire, achever l'œuvre du régime que nous nous sommes librement donné.

Nous ne voudrions pas fatiguer nos lecteurs en faisant l'historique, année par année, des travaux de l'Association, nous serions, du reste, obligé à de nombreuses redites qui n'offriraient plus aucun intérêt ; aussi parcourrons-nous l'histoire de la Société en faisant simplement ressortir les faits les plus saillants. Des tableaux placés à la fin de ce travail permettront à tous de retrouver les noms des Membres honoraires, des Membres du Conseil, du Bureau, des Professeurs, des Conférenciers et des sujets traités.

Nous indiquons également les noms des différents Présidents de nos Distributions de Prix, ainsi que les noms des élèves de l'Association Philotechnique ayant mérité les Livrets de la Caisse d'épargne.

Pendant l'année scolaire 1880-81, un seul nouveau cours est créé, c'est celui de Dessin linéaire, dont M. M. Wargny, déjà si occupé, veut bien encore se charger.

L'Association fonde une Comptabilité régulière qui, jusqu'alors, était tenue par le Trésorier seul. Sur la proposition de M. Duforêt, le Conseil décide de l'établir au moyen de deux Livres : l'un comportant le compte de chaque Sociétaire ; l'autre contenant les recettes et les dépenses par Doit et Avoir. C'est feu M. Portet, dont les connaissances en comptabilité étaient justement réputées, qui fut le premier Comptable de l'Association. Il s'acquitta de cette tâche avec une régularité et une science tout à fait remarquables et ce, durant trois années.

L'année 1881 voit enfin la Bibliothèque prospérer. Le Conseil fait bien tous ses efforts pour arriver à ce résultat en votant tous les crédits que lui permettent ses ressources ; mais c'est surtout grâce à la générosité de nos concitoyens, en tête desquels nous nommerons MM. Playou et Trognon, que la Bibliothèque atteint, en cette année, le chiffre respectable de 800 volumes.

La Distribution des Prix de 1881 mérite qu'on en fasse mention : c'est dans cette séance que le Président, M. Talbot, Délégué de M. le Ministre de l'Instruction publique, remet, aux applaudissements de tous, les Palmes d'Officier d'Académie au Président du Conseil d'administration, l'honorable M. Sanglier, dont l'activité et le dévouement ne s'étaient jamais démentis. La cérémonie est suivie pour la première fois d'un Banquet auquel prennent part 60 Élèves et 120 Membres adhérents. Depuis 1881, après chaque Distribution, un Banquet réunit les Membres du Conseil, les Professeurs et tous ceux qui s'intéressent à notre œuvre.

Dans cette même année, le Conseil organise un premier Concert payant dont le bénéfice doit être consacré à la Bibliothèque. L'essai fut encourageant, car il resta en caisse, tous frais payés, la somme de 355 fr. 65.

L'année 1882 voit éclore une proposition qu'il est intéressant de signaler : l'Association, jusqu'ici, prenait soin de compléter l'instruction de ses élèves, mais négligeait de s'occuper d'eux une fois cette tâche accomplie.

MM. Sanglier et Portet pensèrent avec raison que les Membres du Conseil devaient chercher à procurer des emplois aux élèves : ils payèrent d'exemple et firent placer Mlle La Mulle, MM. Georgeot, Lemoine et Pécheux. Depuis lors, chaque fois qu'un ancien élève de l'Association se trouve sans place, il est rare que le Conseil ne parvienne pas à le sortir d'embarras. L'Association devenait ainsi non seulement une œuvre d'instruction, mais encore une véritable famille où l'on prenait souci de l'avenir des enfants.

Dans sa séance du 13 juin, le Conseil d'administration vote l'impression d'un Palmarès annuel où seront consignés le Rapport du Directeur-Général des Cours, la Liste des Récompenses, le Rapport du Secrétaire sur les Travaux de l'année, la Situation financière, la Liste des Membres adhérents, des Membres honoraires et des Membres du Conseil.

A la Distribution des Prix, le Président, M. Blanche, Conseiller général, remet, au nom de M. le Ministre de l'Instruction publique, les Palmes d'Officier d'Académie à M. Portet et, au nom de l'Association, des Médailles de bronze à ses excellents Professeurs Mme Rengguer de La Lime, MM. Wargny et Sillet ; M. Malard offre des Livrets de la Caisse d'épargne d'une valeur de 50 francs.

Dans l'Assemblée générale du mois de juin, M. Talbot est nommé, par acclamation, Président d'honneur, et Mme Husband (aujourd'hui Mme Fierfort), Membre honoraire de l'Association. M. Talbot avait constamment prodigué son temps, ses conseils et son talent à notre œuvre, l'Association désirait lui en témoigner sa reconnaissance en le nommant à ce poste tout honorifique. Quant à Mme Husband, elle n'avait cessé, depuis le premier jour de la fondation de notre Association, de lui prouver sa sollicitude par des largesses sans nombre.

Dès le mois de septembre, notre excellent concitoyen, M. Fierfort, soumettait au Conseil l'idée de faire reconnaître l'Association d'utilité publique et l'engageait à étudier les voies et moyens à employer pour atteindre ce but. Le Conseil approuvait hautement l'idée de M. Fierfort et nommait une Commission chargée de prendre tous les renseignements nécessaires.

1883

Pour faciliter la reconnaissance d'utilité publique, notre dévoué concitoyen et Vice-Président, M. Veyrat, eut l'idée de demander à l'Association Philotechnique de Paris communication des pièces qu'elle avait dû produire pour ariver à ce but. Cette faveur lui fût accordée et le Conseil put bientôt entreprendre les démarches nécessaires pour arriver à cet heureux résultat.

Le Conseil hésitait à louer un local pour y installer son Siège Social et sa Bibliothèque. Il n'osait signer un bail sans avoir devant lui les fonds nécessaires.

Pour faire cesser toute hésitation, M. Veyrat propose et organise une Matinée dont les heureux résultats, en assurant le paiement du loyer pendant deux années, permirent de signer immédiatement le bail et d'installer définitivement, rue des Aubépines, 14, le Siège Social de l'Association.

En cette année, grâce à la générosité de MM. Pilon, Playou et Fierfort, on put monter une véritable Salle de Bibliothèque.

Le Conseil trouvant que les Professeurs donnaient peut-être un peu trop facilement des récompenses aux élèves, vote, pour remédier à cet état de choses, l'application du Règlement suivant :

Le nombre des Prix donnés dans un cours ne peut excéder trois pour un nombre d'élèves inférieur à 20 ; quatre pour un nombre inférieur à 30 et ainsi de suite. Le nombre des Prix ne pourra, en tous cas, excéder cinq.

Tout élève ayant obtenu une récompense dans un cours ne peut, ensuite, obtenir que des récompenses supérieures dans le même cours.

M. Talbot reçoit cette année la rosette d'Officier de la Légion d'honneur. L'Association entière lui adresse, à cette occasion, ses plus sincères félicitations.

Au mois de juin, M. Fierfort offre à l'Association un terrain de 335 mètres pour y élever plus tard le local que le Conssil ambitionne. Il est malheureusement un peu trop éloigné du centre du pays ; aussi le Conseil craignant que les cours fussent abandonnés à cause de cet éloignement, se voit obligé de refuser cette nouvelle libéralité de notre concitoyen. Ce dernier, se croyant engagé d'honneur, donne alors à l'Association une somme d'argent équivalente au prix d'estimation de son terrain, soit 4,000 francs, dans les conditions suivantes :

Don de M. Fierfort

« Je soussigné, Louis-Charles-Stanislas Fierfort, propriétaire à Bois-Colombes (Seine) et y demeurant, rue de l'Eglise, n° 51, désirant faciliter l'Association Philotechnique de Bois-Colombes dans l'obtention de sa reconnaissance d'utilité publique par l'Administration Supérieure, et aussi comme l'un des promoteurs et des fondateurs de cette Association, voulant l'aider à assurer son existence en raison du bien qu'elle est appelée à faire ;

« Je m'engage envers elle comme suit :

« 1° Jusqu'à ce qu'elle soit reconnue d'utilité publique, à lui servir annuellement, payable par quart et par trimestre à commencer du 1er août prochain pour le premier paiement avoir lieu le *premier novembre, mil huit cent quatre-vingt-trois*, et ainsi de suite de trois mois en trois mois, la rente de la somme de quatre mille francs au taux actuel du trois pour cent français, soit donc la somme de cent cinquante deux francs, ce qui donne par trimestre trente-huit francs à toucher, cela à mon domicile sur le reçu signé du Trésorier et contresigné du Président du Conseil. Ce revenu devra être affecté spécialement à la Bibliothèque ;

« 2° Le jour où l'Association Philotechnique sera reconnue d'utilité publique, la rente cessera à l'échéance du trimestre en cours, et je verserai alors à l'Association la somme de *quatre mille francs* EN PUR DON. Cette somme pour être affectée à l'achat d'un terrain ou d'un immeuble pour les services de l'Association, ou être placée à son profit en rentes sur l'Etat, pour lesdites rentes, rester à la disposition de l'Association.

« Dans le cas où elle serait amenée à aliéner le terrain ou l'immeuble acheté, l'Association Philotechnique serait tenue de faire immédiatement le remploi de la dite somme de quatre mille francs faisant l'objet de ces présentes en rentes sur l'Etat, comme il est dit dans le paragraphe précédent.

« De condition expresse, les fonds d'Etat, dans la propriété, est mentionnée dans cet engagement, ne pourront jamais être aliénés que pour l'acquisition d'un terrain ou d'un immeuble destiné aux divers services de l'Association.

« En raison de ce qui précède, dans le cas où l'Association Philotechnique de Bois-Colombes ne serait pas reconnue d'utilité publique d'ici au *premier janvier mil huit cent quatre-vingt-neuf*; à cette date, comme aussi dans le cas où elle viendrait à se dissoudre ou à être dissoute avant ou après sa reconnaissance d'utilité publique, la somme de quatre mille francs qui fait l'objet du don, dont il est parlé ci-dessus, retournerait de droit au Ministre de l'Instruction Publique, pour les rentes servir à la formation d'une bourse annuelle et au profit d'un élève des écoles communales *laïques*, de la section de Bois-Colombes, afin de lui faire suivre des cours supérieurs pendant le nombre d'années nécessaires pour compléter son instruction. — Le bénéficiaire de cette bourse serait alternativement une jeune fille et un jeune garçon choisis dans un concours dont le programme serait fixé par le Ministère ou par sa délégation.

« L'engagement qui fait l'objet des présentes conserve toute sa force envers mes héritiers, qui devront se conformer à ma volonté.

« En foi de quoi, je fais le présent engagement en double expédition, toutes deux écrites de ma main, pour un exemplaire être gardé par le Conseil de l'Association Philotechnique, ou être déposé par lui selon ce qu'il jugera nécessaire, et l'autre exemplaire gardé par moi-même afin que mes ayants-droit n'en puissent ignorer, et je signe en toute liberté, ainsi que comme l'expression absolue de ma volonté.

« Bois-Colombes, ce vingt-trois juillet mil huit cent quatre-vingt-trois.

« *Signé* : FIERFORT,
« 51. Rue de l'Eglise. »

A la distribution des prix, M. Talbot remet à M. Barthe, Trésorier de l'Association depuis sa fondation, les palmes d'Officier d'Académie, et des médailles de bronze à M. Cousin, Ingénieur civil, professeur de dessin industriel, ainsi qu'à nos Conférenciers, MM. Madier de Montjau, Lavergne et Géraldy. L'Association a le bonheur de placer dans le courant de cette année, dans la banque et le commerce, Mlle Mouton et M. Pazziani. Le Conseil renouvelle sa demande de subvention au Conseil Général en indiquant le chemin parcouru par l'Association et vote le règlement suivant pour la Bibliothèque.

RÈGLEMENT

POUR LE PRÊT DES LIVRES AUX PERSONNES

des deux sexes

Article 1er. — Pour être admis à recevoir des livres en prêt, il faut : 1° Être élève ou Membre de l'Association.

Art. 2. — Toute personne autorisée à recevoir des livres en prêt sera munie d'un livre fourni par l'Association moyennant 25 centimes, et sur lequel seront inscrits par le Bibliothécaire :

1° Le numéro du volume prêté ;

2° La date du prêt ;

3° La date de la rentrée.

Art. 3. — Les prêts seront faits les mardis et jeudis de 8 heures à 10 heures du soir et le dimanche de 10 heures à midi.

Art. 4. — Les ouvrages destinés au prêt à domicile porteront une estampille spéciale.

Art. 5. — Il ne sera prêté qu'un volume à la fois.

Art. 6. — Aucun volume ne pourra être conservé plus de quinze jours sans avoir été représenté. Au-delà de ce terme, la restitution du volume sera d'abord réclamée par lettre, puis poursuivie par les voies de droit, aux frais du retardataire.

Art. 7. — Les personnes qui auront détérioré ou perdu des livres devront en rembourser la valeur.

Art. 8. — En cas de changement de domicile, le lecteur devra toujours faire connaître sa nouvelle adresse.

Art. 9. — Tout lecteur inscrit sera considéré comme ayant adhéré au présent règlement.

A l'Assemblée générale de juillet, la Commission de révision des Statuts, pensant avec raison que ceux en vigueur ne répondaient plus aux besoins du moment, fait approuver et voter de telles modifications que nous croyons utile de reproduire entièrement l'arrêté préfectoral et les nouveaux Statuts.

RÉPUBLIQUE FRANÇAISE

PRÉFECTURE
DE
POLICE
—×—
CABINET

2ᵐᵉ BUREAU

1ʳᵉ SECTION

N° du D⁺ 25756

ASSOCIATION
PHILOTECHNIQUE
DE
Bois-Colombes

Modifications statutaires

NOUS, PRÉFET DE POLICE,

Vu l'arrêté préfectoral en date du 11 octobre 1878, par lequel a été autorisée à se constituer définitivement la Société dite :

Association Philotechnique de Bois-Colombes;

Vu la demande à nous adressée le 31 août 1883, par la Société dont il s'agit, afin d'obtenir l'autorisation de mettre en vigueur certaines modifications et additions apportées à ses Statuts et adoptées en Assemblée générale, le 29 juillet de la même année, ainsi que le constate l'extrait du procès-verbal ci-joint;
Ensemble les dites modifications et additions;
Vu l'article 291 du Code pénal et la loi du 10 avril 1834;

ARRÊTONS :

ARTICLE PREMIER

Sont autorisées à être appliquées, telles qu'elles sont ci-annexées, les modifications statutaires délibérées par la Société dite :

Association Philotechnique de Bois-Colombes.

ARTICLE 2.

Ampliation du présent arrêté sera transmise au Commissaire de Police de la Circonscription de Courbevoie, qui en assurera l'exécution en ce qui le concerne.

Fait à Paris, le 12 novembre 1883,

Le Préfet de Police,
Signé : **CAMESCASSE.**

Vu et notifié à M. Sanglier, Président de la Société, rue des Aubépines, 14, à Bois-Colombes.
Courbevoie, le 24 novembre 1883.

POUR AMPLIATION :
Le Chef de Cabinet,

SIGNÉ :
PUIBARAUD.

Le Commissaire de Police,
Signé : **F. BOUCHET.**

ASSOCIATION PHILOTECHNIQUE
DE BOIS-COLOMBES

STATUTS

Article 1er. — Il est fondé à Bois-Colombes, une Association Philotechnique dont le siège est fixé, rue des Aubépines, n° 14, dans le but de propager, chez les jeunes gens des deux sexes, le goût de la lecture et de l'étude, de leur procurer, gratuitement, les moyens de compléter l'instruction qu'ils ont reçue et d'augmenter la somme des connaissances spéciales à leurs professions par des cours traitant des arts, des lettres, du commerce et de l'industrie.

Art. 2. — Ces cours sont gratuits, ils sont organisés dans les formes prévues par la loi des 12-27 juillet 1875. Y sont seuls admis les élèves régulièrement inscrits et les Membres de l'Association munis de leur carte.

Ils ouvrent chaque année au mois d'octobre et durent environ six mois.

Art. 3. — A côté des cours proprement dits, l'Association institue des conférences ou des lectures, à l'usage de tous, sur des sujets littéraires et scientifiques, en se conformant aux règlements sur la matière.

Ces conférences sont publiques et leur entrée ne donne lieu qu'à une perception minime destinée à couvrir les frais qu'elles entraînent. Les Membres et les élèves de l'Association, munis de leur carte, y sont admis gratuitement, ainsi qu'il est dit à l'article 9.

Art. 4. — L'Association Philotechnique prête aux élèves et aux Membres adhérents les livres qui composent sa Bibliothèque.

Art. 5. — L'Association se compose :
1° De Membres fondateurs ;
2° De Membres honoraires ;
3° De Membres adhérents.

Paragraphe 1er. — Sont Membres fondateurs, les cent premiers Membres inscrits et les Professeurs et conférenciers qui ont donné leur concours actif à l'Association pendant les cinq premières années depuis sa fondation.

Paragraphe 2. — Sont Membres honoraires :
1° Tout donateur d'une somme d'au moins 100 francs ;
2° Les Professeurs, les Conférenciers et tous ceux qui auront rendu à l'Association des services exceptionnels.

Toutefois, ces nominations sont faites par le Conseil, mais ne sont définitives qu'après la sanction de la plus prochaine Assemblée générale.

Ce titre emporte avec lui l'exonération facultative de la cotisation annuelle prévue au paragraphe 3.

Paragraphe 3. — Sont Membres adhérents, tous ceux qui adhèrent aux présents Statuts et s'inscrivent pour la cotisation fixée, au minimum, à 6 francs par an.

Art. 6. — Le Conseil pourra prononcer la radiation d'un Membre pour cause d'indignité après, cependant, l'avoir appelé à s'expliquer devant une Commission nommée à cet effet. Celui-ci pourra en appeler à la prochaine Assemblée générale.

Art. 7. — Toute démission n'est valable que lorsqu'elle a été adressée par lettre au Secrétariat, au moins un mois avant l'expiration de l'année d'adhésion. — Toute année commencée est donc due.

Art. 8. — Le nombre des Membres et la durée de la Société sont illimités. Dans le cas imprévu de dissolution de la Société votée en Assemblée générale par les deux tiers au moins des Sociétaires inscrits, une Commission de onze Membres, prise dans le sein de ladite Assemblée, sera chargée de sa liquidation ou de la reconstitution d'une nouvelle Société. En cas de liquidation, le produit des biens de la Société Philotechnique, matériel, etc., ne pourra être affecté qu'au bénéfice d'une œuvre d'instruction laïque.

Art. 9. — L'Association distribue chaque année, à la fin des Cours, des récompenses et encouragements aux élèves qui s'en seront rendus dignes par leur assiduité, leur travail et leurs progrès. Le Conseil d'administration peut également décerner des diplômes ou médailles aux personnes, professeurs ou autres, dont il voudrait reconnaître les services exceptionnels.

Art. 10. — L'Association est administrée par un Conseil composé de vingt et un Membres. Ce Conseil est élu en Assemblée générale au scrutin secret, à la majorité absolue des Membres présents : il se renouvelle par tiers chaque année. Les deux premiers tiers sont désignés par le sort. Les Membres sortant sont rééligibles.

Art. 11. — Le Conseil d'administration fixe lui-même son règlement intérieur et élit, à la majorité absolue et au scrutin secret, son Bureau composé de : un Président, deux Vice-Présidents, un Secrétaire, deux Secrétaires-Adjoints, un Trésorier, un Comptable et un Directeur des Cours.

Nul ne peut faire partie de ce bureau s'il n'est Français et s'il ne jouit de ses droits civils et civiques.

Art. 12. — Le Président représente l'Association en justice et dans les actes de la vie civile

Il soumet le compte rendu moral et financier de la Société à l'autorité compétente à laquelle il fait également connaître les changements qui peuvent se produire dans la composition du Bureau.

Art. 13. — Après trois absences, sans excuse valable, aux séances du Conseil, les Membres du dit Conseil sont considérés comme démissionnaires.

Art. 14. — Les fonctions de Membre du Conseil de l'Association sont gratuites, mais il pourra être alloué des indemnités que les Cours et les Conférences nécessiteraient.

Art. 15. — Une Assemblée générale annuelle se tient régulièrement dans le courant du mois qui suit la distribution des prix et récompenses. — Dans cette Assemblée, le Conseil rend compte des travaux de l'année, de l'emploi des fonds et de la situation complète de l'Association.

Art. 16. — Des Assemblées générales extraordinaires pourront, en outre, avoir lieu à toute époque de l'année, soit sur l'avis du Conseil, soit sur une demande adressée au secrétariat et signée par un nombre de Sociétaires représentant au moins le quart des Membres inscrits.

Art. 17. — Les Assemblées générales se forment de tous les adhérents ; elles sont tenues sur la convocation du Président ou à son défaut, de l'un des Vice-Présidents. L'avis de convocation est adressé au moins dix jours à l'avance par une lettre spéciale dont le libellé comprend l'ordre du jour de la séance. — L'entrée aux Asssemblées générales est personnelle.

Art. 18. — Le Bureau des Assemblées générales est le Bureau du Conseil, et les dispositions relatives à la tenue des séances ordinaires sont applicables aux Assemblées générales. Les résolutions sont prises à la majorité des Membres présents. — L'Assemblée vote par assis et levé. Le scrutin a lieu, s'il est réclamé, par une demande écrite, signée par dix Membres et acceptée par l'Assemblée.

Art. 19. — Les Sociétaires qui auraient des propositions à faire doivent les adresser, par écrit, au Secrétariat, au moins huit jours avant toute Assemblée générale. Il leur en est accusé réception et ces propositions ne sont portées à l'ordre du jour, comme complément inattendu, qu'après un avis favorable donné par le Conseil. Aucune autre question que celles portées sur l'ordre du jour ne peut être mise en délibération. Si, toutefois, au cours d'une Assemblée générale, une motion venait à se produire, le Bureau statuerait sur l'opportunité de la mise en discussion.

Art. 20. — Un Rapport sera publié chaque année sur les travaux de l'Association.

Art. 21. — Les comptes rendus, rapports et procès-verbaux des Assemblées générales et des séances du Conseil d'administration seront consignés sur des registres spéciaux.

Art. 22. — Aucune demande de révision des présents Statuts ne pourra être portée devant l'Assemblée générale qu'autant qu'elle lui sera soumise par le Conseil d'administration ou réclamée par une demande écrite, signée du tiers des Sociétaires au moins.

Cette demande devra être communiquée au Conseil, un mois avant l'Assemblée générale ; mention en sera faite, avec le texte de la modification demandée, sur les lettres envoyées à tous les Sociétaires.

Art. 23. — La majorité requise pour qu'une modification aux Statuts soit adoptée, sera les deux tiers au moins des Membres présents. Le scrutin secret sera de droit, s'il est demandé.

Art. 24. — Toute communication ne devra être regardée comme émanant du Conseil, que si elle est signée du Président, ou en son absence, d'un Vice-Président, et dans les deux cas, contresignée par le Secrétaire.

Art. 25. — Les écritures et les comptes sont tenus sous la surveillance du Conseil qui nomme, à la fin de chaque année scolaire, une Commission de cinq Membres, chargée d'examiner la situation financière et d'établir le projet de budget annuel. Cette Commission a pleins pouvoirs pour accepter ou contester les écritures et les comptes qu'elle a mission d'examiner et en donner bonne et valable décharge aux titulaires.

Art. 26. — Les délibérations relatives à l'acceptation des dons et legs, aux acquisitions, aliénations ou échanges d'immeubles, seront soumises à l'approbation du Gouvernement.

Art. 27. — Les discussions politiques et religieuses sont formellement interdites dans les réunions et les Assemblées générales.

Art. 28 — Toute modification aux présents Statuts, adoptée en Assemblée générale, doit être soumise à l'approbation de l'autorité supérieure.

Inutile de dire que dans cette même Assemblée, le don Fierfort est accepté et que notre concitoyen est longuement acclamé.

C'est au mois d'août qu'eût lieu l'ouverture solennelle de la Salle de la Bibliothèque et l'installation d'un Bibliothécaire adjoint dont les appointements furent fixés à 150 francs par an.

La réouverture des cours de l'année scolaire 1883-84 fut particulièrement brillante : 120 élèves se firent inscrire et suivirent les leçons de nos dévoués Professeurs. L'enseignement du dessin prit une extension considérable grâce à M. Blampain, sculpteur de talent, qui nous fit cadeau d'une trentaine de beaux plâtres sortant de ses ateliers et qui purent servir de modèles à nos élèves.

La Bibliothèque fut l'objet de soins tout particuliers de la part du Conseil d'administration. Sur l'initiative de MM. Coullon et Veyrat, il s'adressa aux éditeurs de Paris pour recueillir des livres. Nous aurons suffisamment établi le succès de ces efforts lorsque nous aurons dit que nous étions possesseurs de 2,000 volumes vers le milieu de cette année.

Rendons hommage aux Maisons Tresse, Calman Lévy, Decaux, Delagrave, Ducrocq, Firmin Didot, Fontaine, Ghio, Lemerre, Hachette et Cie, Hetzel, Lemercier, Ollendorff, qui nous offrirent généreusement les livres les plus instructifs et bien à la portée de nos auditeurs.

Le Conseil général enfin convaincu que l'Association Philotechnique de Bois-Colombes était une œuvre d'avenir, lui votait une subvention annuelle de 200 francs.

A la Distribution des Prix qui eut lieu le 6 juillet 1884, Mme Rengguer de La Lime, Professeur d'histoire et d'anglais depuis six ans, reçoit les Palmes d'Officier d'Académie ; l'Association décerne à M. Talbot, son Président d'honneur, une Médaille d'or comme témoignage de sa haute estime et de sa profonde reconnaissance ; le Conseil remet de même des Médailles d'argent à Mme Sillet, Directrice des cours des jeunes filles ; à MM. Sanglier et Portet, et des Médailles de bronze à MM. Coullon et Veyrat, pour les signalés services qu'ils ont rendus à l'Association. Les conférenciers MM. Armand Sylvestre, Guillon, Couriot et Ruell, reçoivent également ce souvenir.

Jamais les élèves ne montrèrent autant de zèle et d'application que durant cette année, car on distribua 85 récompenses aux jeunes gens et 48 aux jeunes filles.

Grâce aux Membres du Conseil, Mlle Théodore Berthe et M. Emile Jengérard sont placés dans le commerce.

La Situation financière est prospère, car le Rapport du Comptable mentionne un total de Recettes de 3,380 fr. 65.

1885

Ce qui domine l'histoire de cette année 1885, c'est l'effort constant du Conseil pour arriver à faire reconnaître l'Association d'utilité publique.

Sur la proposition de M. Veyrat, le Conseil, dans sa séance du 3 novembre 1885, dans le but de pouvoir accepter le don de M. Fierfort, décide qu'une demande de reconnaissance d'utilité publique sera adressée à l'autorité compétente. En conséquence, il convoque les Membres adhérents en Assemblée générale extraordinaire, car la clause de la donation oblige le Conseil à formuler ce vœu au plus vite. Dans l'Assemblée du 19 décembre, lecture est donnée des pièces exigées par la loi, et toutes les dispositions prises jusqu'à ce moment pour faire hâter la solution, sont approuvées à l'unanimité.

Nous donnons, à titre de document, la demande adressée au Préfet, avec le bordereau des pièces jointes à l'appui.

MONSIEUR LE PRÉFET,

Conformément à la délibération ci-jointe de notre Conseil d'administration du 3 novembre 1885 et de la décision conforme de notre Assemblée générale extraordinaire du 19 décembre suivant, également ci-jointe, et dans le but de pouvoir accepter au profit de notre Société un don de 4,000 francs offert par M. Stanislas Fierfort, Membre honoraire de l'Association Philotechnique de Bois-Colombes, suivant acte dont nous vous envoyons un extrait, nous venons, Monsieur le Préfet, solliciter en faveur de notre Société d'enseignement gratuit aux adultes, la reconnaissance d'utilité publique.

Nous avons l'honneur, Monsieur le Préfet, de vous envoyer en même temps que cette requête la liste des Membres de notre Association, sa situation financière actuelle et cent exemplaires de ses Statuts.

Fondée en 1878, l'Association Philotechnique de Bois-Colombes comprend aujourd'hui 263 Membres adhérents ; ses cours et ses conférences sont très appréciés de notre population studieuse et 162 lecteurs sont inscrits annuellement sur les registres de la Bibliothèque populaire fondée il y a sept ans, contenant déjà près de 3,000 volumes. A cet égard, M. le Chef du Bureau des Bibliothèques de votre Administration pourra vous renseigner sur le succès de cette branche de notre œuvre.

Le Ministère de l'Instruction publique, le Conseil général et la Préfecture de la Seine, ont, d'ailleurs, dans de nombreuses circonstances, reconnu les services rendus par notre Société d'enseignement, soit en souscrivant diverses sommes, soit en nous faisant don d'ouvrages destinés à nos distributions de prix et à notre Bibliothèque.

Nous espérons, Monsieur le Préfet, que vous voudrez bien prendre en considération nos services à la cause de l'enseignement et le but que nous poursuivons, en nous appuyant auprès du Gouvernement pour faire obtenir à l'Association Philotechnique de Bois-Colombes la reconnaissance d'utilité publique qu'elle sollicite.

Veuillez agréer, Monsieur le Préfet, l'assurance de notre respectueux dévouement.

Pour le Conseil d'administration
Le Secrétaire,   *Le Président,*
Signé : Boyon.   Signé : A. Sanglier.

BORDEREAU DES PIÈCES

Jointes à la demande de déclaration d'utilité publique

1° Arrêté préfectoral du 11 octobre 1878 autorisant la constitution de la Société dite « Association Philotechnique de Bois-Colombes » ;

2° Arrêté préfectoral du 12 novembre 1883 approuvant quelques modifications statutaires :

3° Statuts en vigueur, qui ont été approuvés par l'arrêté préfectoral du 12 novembre 1883 ;

4° Extrait de l'Acte par lequel M. Stanislas Fierfort fait don à l'Association d'une somme de 4,000 francs, sous condition qu'elle obtiendra la déclaration d'utilité publique dans une période de cinq ans et demi (soit avant le 1er janvier 1889) ;

5° Extrait du Procès-Verbal des délibérations du Conseil d'administration (séance du 3 novembre 1885) ;

6° Décision de l'Assemblée générale extraordinaire des Membres de l'Association (19 décembre 1885) ;

7° Situation financière de l'Association ;

8° Liste des Membres de l'Association.

Nous ne croyons pas pouvoir passer sous silence la remise à M. Veyrat du magnifique buste de J.-J. Rousseau, offert à l'Association par le Ministre de l'Instruction publique en reconnaissance des nombreux et dévoués services rendus à notre œuvre.

Le Conseil général de la Seine alloue une subvention de 400 francs, au lieu de 200, à la Bibliothèque, et le Conseil municipal de Colombes reconnaissant le bon fonctionnement de l'Association, lui vote également pour la Bibliothèque une allocation de 150 francs. 1,685 volumes furent prêtés pendant l'année à 162 lecteurs.

M. Sillet, professeur de dessin, reçoit les Palmes d'Officier d'Académie et MM. Molin, Catala, Géraldy et Guérout, conférenciers, reçoivent des médailles de bronze.

En cette année 1885, le Conseil d'administration était ainsi composé :

M. TALBOT, Président d'honneur.

MM. SANGLIER, Président ;
VEYRAT, Vice-Président ;
PILON, Vice-Président ;
ARGENTIÉ, Délégué rapporteur ;
BOYON, Secrétaire ;
PLAYOU, Secrétaire adjoint ;
LHOTTE, Secrétaire-Adjoint ;
BARTHE, Trésorier ;
FOINANT, Comptable ;
SILLET, Bibliothécaire.

MEMBRES :
MM. MERTENS,
PORTET,
GRISIER,
BENOIST,
POUILLIER,
PUZIN,
G. JOBERT,
COULLON,
GÉRALDY.

Les adhésions furent nombreuses en 1885, car 263 Membres payèrent leur cotisation. Jamais ce chiffre ne fut dépassé. Nous ne voulons point par là nous permettre une légère critique à l'adresse de nos concitoyens, nous constatons simplement que pendant les années qui vont suivre, notre population ralentit son élan, persuadée sans doute que l'Association était une œuvre définitivement prospère.

97 élèves avaient suivi les cours et, pour la première fois, on enseigna la sténographie, science dont l'utilité est aujourd'hui hautement établie.

La mort fit de cruels ravages parmi les adhérents de l'Association pendant l'exercice suivant. Ce fut d'abord notre concitoyen M. Malard, Vice-Président pendant plusieurs années, qui fut enlevé à notre affection. Puis le décès de M. Genaille, membre du Conseil d'administration pendant sept années consécutives. Enfin l'un de nos plus jeunes et plus dévoués professeurs, M. Geoffroy, étudiant en médecine, mourut victime de son dévouement en soignant, à l'hôpital, des malades atteints de la fièvre typhoïde.

Qu'on nous permette d'adresser à leur famille un dernier témoignage de reconnaissance pour le zèle dont ils avaient fait preuve dans leurs fonctions respectives.

Le Conseil d'administration désirent remercier son Président, M. Sanglier, de l'activité avec laquelle il s'acquitte de sa lourde tâche lui offre l'Objet d'art accordé à l'Association par M. le Ministre des Beaux-Arts.

La fonction de Bibliothécaire adjoint devenant de plus en plus pénible, on porte son traitement de 150 à 300 francs ; on décide aussi que la situation de la Caisse sera à jour pour chaque réunion du Conseil.

Cent treize élèves suivirent les cours de l'Association en 1886 ; aussi les récompenses furent nombreuses.

Dans cette même année, M. Veyrat est nommé Officier d'Instruction publique et l'Association décerne des médailles d'argent à M. Géraldy, conférencier ; à MM. Cousin, Sillet et Wargny, professeurs depuis 6 ans. Elle remet en outre des médailles de bronze à M. Foinant, professeur et aux conférenciers MM. Benoist, Mesureur et au Dr Saffray.

Le Conseil d'administration poursuivant toujours la demande de reconnaissance d'utilité publique, apprend avec joie que M. Drouard, Inspecteur de l'Enseignement primaire, a émis un avis favorable et que M. Mesureur, Président du Conseil général de la Seine, a promis son appui auprès de l'autorité supérieure. Comme on pensait que la modicité de notre capital social pouvait être un obstacle à la réussite de la faveur sollicitée, M. Guérin, membre honoraire de l'Association, s'engageait à parfaire le capital exigible et nous sommes heureux de signaler à nos lecteurs l'offre généreuse de ce véritable ami de Bois-Colombes. Le 27 octobre, la nouvelle que le dossier est au Ministère de l'Instruction publique avec avis favorable du Préfet, nous est annoncée. Dès lors on est à peu près rassuré sur l'issue de la reconnaissance d'utilité publique, et quoique seule l'Association Philotechnique de Paris ait jusqu'alors bénéficié de cette faveur, on peut espérer que Bois-Colombes jouira bientôt des mêmes prérogatives. Au mois de janvier 1887, le Ministre de l'Instruction publique émet à son tour un avis favorable à notre requête ; il n'y a plus alors qu'à attendre la décision du Conseil d'Etat.

Ce dernier ne tarde pas à demander d'importantes modifications aux Statuts en vigueur et au Règlement intérieur par l'entremise du Ministère de l'Instruction publique et des Beaux-Arts qui adresse la lettre suivante au Président du Conseil d'administration.

MINISTÈRE DE L'INSTRUCTION PUBLIQUE
ET DES BEAUX-ARTS
2ᵉ Bureau

Paris, le 19 février 1887.

Monsieur le Président,

Le Conseil d'Etat, avant de statuer sur le projet de décret soumis à son examen par mon Administration et tendant à reconnaître d'utilité publique l'Association Philotechnique de Bois-Colombes (Seine), a cru devoir présenter quelques observations que je m'empresse de porter à votre connaissance.

« D'une part, que cette Association était de création récente et ne possédait en numéraire qu'un fort petit capital. »

Il serait bon de joindre au dossier l'instruction de la donation de 4,000 francs offerte par le sieur Fierfort qui accroîtrait le capital de l'Association.

« D'un autre côté, les Statuts, tels qu'ils sont présentés, ne sauraient être adoptés, sans d'importantes modifications, par la section de l'Intérieur. »

« Les articles 2 et 4 relatifs aux cours gratuits et aux conférences (dont l'entrée ne donnerait lieu qu'à une perception minime), semblent devoir nécessiter un complément d'instruction, conformément à la loi du 12 juillet 1875, article 2. »

« Il conviendrait, enfin, de se conformer aux Statuts modèles, notamment pour le rôle des Assemblées générales, la *représentation* en justice par le Trésorier, le *règlement intérieur* (qui ne doit pas être l'œuvre du seul Conseil d'administration), l'emploi des fonds et la création d'un *fonds de réserve*, etc. »

Je ne puis que vous prier de vouloir bien soumettre ces observations à l'examen du Comité de l'Association et de me faire parvenir les réponses auxquelles elles auront donné lieu de sa part.

Vous trouverez, ci-joint, le modèle de projet de Statuts auquel fait allusion le Conseil d'Etat.

Vous voudrez bien me retourner cette pièce avec la réponse du Comité.

Le Directeur,
Signé : Buisson.

Longuement étudiées par une Commission, les modifications demandées sont votées en Assemblée générale. Nous prions nos lecteurs de bien vouloir nous excuser de reproduire ici ces longs exposés ; mais ces Statuts et ce Règlement étant définitifs, notre rôle nous oblige à les transcrire.

STATUTS

Approuvés par l'Assemblée générale, dans sa Séance du 30 Juillet 1887

Article premier

§ 1. — Fondée en 1878, l'Association Philotechnique de Bois-Colombes a pour but de propager, chez les jeunes gens des deux sexes, le goût de la lecture et de l'étude, de leur procurer gratuitement les moyens de compléter l'instruction qu'ils ont reçue et d'augmenter la somme des connaissances spéciales à leurs professions par des cours traitant des Arts, des Lettres, des Sciences, du Commerce et de l'Industrie.

§ 2. — Ces cours sont gratuits ; ils sont organisés dans les formes prévues par la loi des 12-27 juillet 1875. Y sont seuls admis les élèves régulièrement inscrits et les Membres de l'Association munis de leur carte.

Ils ouvrent chaque année au mois d'octobre et durent environ six mois.

§ 3. — A côté des cours proprement dits, l'Association institue des conférences ou des lectures à l'usage de tous sur des objets littéraires et scientifiques, en se conformant aux règlements sur la matière.

Les conférences sont publiques et gratuites.

§ 4. — L'Association a son siège social à Bois-Colombes.

Le nombre des membres et la durée de l'Association sont illimités.

Art. 2.

L'Association se compose de membres fondateurs, de membres honoraires et de membres adhérents.

§ 1. — **Membres fondateurs.** — Sont membres fondateurs les cent premiers membres inscrits et les professeurs et conférenciers qui ont donné leur concours actif à l'Association pendant les cinq premières années depuis sa fondation.

§ 2. — **Membres honoraires.** — Sont membres honoraires : 1° tout donateur d'une somme d'au moins 100 francs ; 2° les professeurs, les conférenciers et tous ceux qui auront rendu à l'Association des services exceptionnels.

Toutefois, ces nominations sont faites par le Conseil, mais ne sont définitives qu'après la sanction de la plus prochaine Assemblée.

Ce titre emporte avec lui l'exonération facultative de la cotisation annuelle prévue au § 3 ci-après.

§ 3. — **Membres adhérents.** — Sont membres adhérents, tous ceux qui adhèrent aux présents Statuts et s'inscrivent pour la cotisation fixée au minimum à 6 francs par an.

Art. 3.

§ 1. — L'Association est administrée par un Conseil composé de vingt-un membres.

Le Conseil d'administration est élu en Assemblée générale à la majorité absolue des membres présents.

Il choisit parmi ses membres un Bureau composé de : un Président, deux Vice-Présidents, un Secrétaire, deux Secrétaires-adjoints, un Trésorier, un Comptable, un Directeur des cours, un Bibliothécaire, qu'il élit à la majorité absolue et au scrutin secret.

Nul ne peut faire partie de ce Bureau s'il n'est Français et s'il ne jouit de ses droits civils et civiques.

Le Bureau est élu pour un an.

§ 2. — Après trois absences, sans excuse valable, aux séances du Conseil, les membres dudit Conseil peuvent être considérés comme démissionnaires.

§ 3. — Le Conseil se réunit tous les mois et chaque fois qu'il est convoqué par son Président ou sur la demande du quart de ses membres.

§ 4. — En cas de vacance, le Conseil pourvoit au remplacement de ses membres, sauf ratification par la plus prochaine Assemblée générale.

§ 5. — Le renouvellement du Conseil a lieu tous les ans par tiers. Les deux premiers tiers sont désignés par le sort.

Les membres sortants sont rééligibles.

La présence du tiers des membres du Conseil d'administration est nécessaire pour la validité des délibérations.

Il est tenu procès-verbal des séances.

Les procès-verbaux sont signés par le Président et le Secrétaire.

Art. 4.

Les délibérations relatives à l'acceptation des dons et legs, aux acquisitions et échanges d'immeubles, sont soumises à l'approbation du Gouvernement.

Art. 5.

Les délibérations relatives aux aliénations, constitutions d'hypothèques, baux à long terme et emprunts, ne sont valables qu'après l'approbation de l'Assemblée générale.

Art. 6.

Le Trésorier représente l'Association en justice et dans tous les actes de la vie civile.

Art. 7.

Toutes les fonctions de l'Association sont gratuites.

Art. 8.

Les ressources de l'Association se composent :
1° Des cotisations et souscriptions de ses membres ;
2° Des dons et legs dont l'acceptation aura été autorisée par le Gouvernement ;
3° Des subventions qui pourraient lui être accordées ;
4° Du produit des ressources créées à titre exceptionnel avec l'autorisation du Gouvernement ;
5° De la vente des catalogues et carnets de lecteurs de sa Bibliothèque ;
6° Enfin, du revenu de ses biens et valeurs de toute nature.

Art. 9.

Les fonds disponibles seront placés en rentes nominatives 3 0/0 sur l'Etat ou en obligations nominatives de chemins de fer dont le minimum d'intérêt est garanti par l'Etat.

Art. 10.

Le fonds de réserve comprend :
1° Le dixième de l'excédent des ressources annuelles ;
2° La moitié des libéralités autorisées sans emploi.

Ce fonds est inaliénable ; ses revenus peuvent être appliqués aux dépenses courantes.

Art. 11.

Les moyens d'action de l'Association sont :

Bulletin annuel et publications diverses ;
Cours et conférences ;
Bibliothèque populaire de prêts ;
Représentations à bénéfice ;
Prix et récompenses.

Art. 12.

L'Association peut se diviser en différentes Commissions annuelles.

Art. 13.

Aucune publication ne peut être faite au nom de l'Association sans l'examen préalable et l'approbation du Bureau.

Art. 14.

L'Assemblée générale, composée de tous les membres honoraires, fondateurs et adhérents, se réunit au moins une fois par an.
Son ordre du jour est réglé par le Conseil d'administration.

Elle entend les rapports sur la gestion du Conseil d'administration sur la situation financière et morale de l'Association.

Elle approuve les comptes de l'exercice clos, vote le budget de l'exercice suivant et pourvoit au renouvellement des membres du Conseil d'administration.

Les membres de l'Association doivent être présents pour voter et ne peuvent, dans aucun cas, voter par procuration.

Le rapport annuel et les comptes sont adressés, chaque année, à tous les membres, au Préfet de la Seine, au Préfet de Police, au Ministère de l'Intérieur et au Ministre de l'Instruction publique.

Art. 15.

La qualité de membre de l'Association se perd :

1° Par la démission ;

2° Par la radiation prononcée pour motifs graves par l'Assemblée générale, à la majorité des deux tiers des membres présents, sur le rapport du Conseil d'administration et le membre intéressé dûment appelé à fournir ses explications.

Art. 16.

Les présents Statuts ne peuvent être modifiés que sur la proposition du Conseil d'administration ou sur demande écrite, signée de vingt-cinq membres au minimum et soumise au Bureau au moins un mois avant la séance.

L'Assemblée extraordinaire, spécialement convoquée à cet effet, ne peut modifier ces Statuts qu'à la majorité des deux tiers des membres présents.

L'Assemblée doit se composer du quart au moins des membres en exercice.

Le scrutin secret sera de droit, s'il est demandé.

La délibération de l'Assemblée est soumise à l'approbation du Gouvernement.

Art. 17.

L'Assemblée générale, appelée à se prononcer sur la dissolution de l'Association et convoquée spécialement à cet effet, doit comprendre, au moins, la moitié plus un des membres en exercice. Ses résolutions sont prises à la majorité des deux tiers des membres présents et soumises à l'approbation du Gouvernement.

Art. 18.

En cas de dissolution, l'actif de l'Association est attribué, par délibération de l'Assemblée générale, à un ou plusieurs établissements analogues et reconnus d'utilité publique.

Cette délibération est soumise à l'approbation du Gouvernement.

Art. 19.

Il sera procédé de même en cas du retrait de l'autorisation donnée par le Gouvernement.

Dans le cas où l'Assemblée générale se refuserait à délibérer sur cette attribution, il sera statué par un décret rendu en forme des règlements d'administration publique.

Art. 20.

Un règlement intérieur, adopté par l'Assemblée générale et approuvé par le préfet de police, arrête les conditions de détail propres à assurer l'exécution des présents Statuts. Il peut toujours être modifié dans la même forme.

Vu à la section de l'Intérieur, le 24 avril 1888.

Le Rapporteur,

G. DE SALVERTE.

RÈGLEMENT INTÉRIEUR

Conseil d'Administration

Art. 1er. — Le Conseil d'Administration, composé conformément à l'article 10 des Statuts, est chargé de l'exécution des décisions de l'Assemblée générale et de tout ce qui concerne la bonne administration de la Société.

Il sollicite de l'Administration supérieure et de l'Administration municipale les subventions et l'autorisation des mesures à prendre dans l'intérêt de l'Association.

Art. 2. — Il charge chacun de ses membres d'obtenir des personnes qui pourraient s'intéresser au succès de l'œuvre leur adhésion aux Statuts et des dons à la Bibliothèque et à l'Association même.

Il pourvoit, dans les limites de ses ressources, à tous les besoins des cours, à toutes les dépenses à faire pour les prix et récompenses, les conférences et les représentations au bénéfice de l'Association.

Il vérifie les comptes du Trésorier.

Art. 3. — Il se réunit en séance ordinaire au siège social de l'Association, le deuxième jeudi de chaque mois.

Dans le cas où ce jeudi serait un jour férié, la séance aurait lieu le jeudi le plus prochain.

Les séances ouvriront à 8 h. 1/2 précises et ne devront pas dépasser 11 heures.

Des séances extraordinaires pourront avoir lieu sur la convocation du Président, contresignée par le Secrétaire.

Art. 4. — Les séances du Conseil d'administration sont présidées par le Président ; à son défaut, par un des Vice-Présidents, et en l'absence des Vice-Présidents, par un membre du Conseil désigné par ses collègues.

Art. 5. — Le Conseil statue sur l'admission des membres adhérents proposés par un de ses membres.

Il nomme des membres d'honneur, aux termes du 2e paragraphe de l'article 2 des Statuts, pourvoit dans le délai d'un mois aux vacances qui se produisent dans son sein et fait ratifier ces nominations par l'Assemblée générale annuelle.

Art. 6. — Aucune personne étrangère au Conseil ne peut assister aux séances si ce n'est sur invitation du Président après avis du Conseil.

Art. 7. — Le Conseil, sur la proposition du Directeur général, Rapporteur de la Commission des cours, détermine les cours qui devront être faits et en approuve les programmes. Il décerne chaque année des prix et encouragements aux élèves qui s'en seront rendus dignes par leur travail et leur assiduité.

Le Conseil d'administration peut également décerner des diplômes ou médailles aux personnes, professeurs ou autres, dont il voudrait reconnaître les services exceptionnels.

Art. 8. — Dans chaque séance du Conseil d'administration, les commissaires délégués de service aux cours, désignés parmi les membres du Conseil, rendent compte de leur mission.

Art. 9. — Aux termes du § 2 de l'article 3 des Statuts, tout membre qui, sans se faire excuser, aura fait défaut à trois séances consécutives, sera réputé démissionnaire.

Toutefois, le Conseil restera toujours maître de décider, après enquête, si les motifs de l'absence sont acceptables.

Dans le cas contraire, il pourra prononcer la radiation.

Art. 10. — Aux termes du § 2 de l'article 15 des Statuts, il peut prononcer la radiation de tout membre sur lequel parviendraient des renseignements de nature à porter atteinte à la considération de l'Association.

Les membres dont l'exclusion aura été demandée, devront être prévenus et seront admis, sur la convocation du Président, à présenter leur défense devant une Commission de cinq membres pris au sein du Conseil et chargés par lui de préparer le rapport spécial qu'il devra présenter à l'Assemblée générale.

Art. 11. — Les écritures et les comptes sont tenus sous la surveillance du Conseil, qui nomme, chaque année scolaire, une Commission des Finances, chargée d'examiner la situation financière et d'établir le projet de budget annuel. Cette Commission a pleins pouvoirs pour accepter ou contester les écritures et les comptes qu'elle a mission d'examiner et en donner bonne et valable décharge aux titulaires.

Art. 12. — Les procès-verbaux des séances du Conseil sont consignés sur un registre spécial et signés par le Président et le Secrétaire présents aux dites séances.

Art. 13. — Toute communication ne devra être regardée comme émanant du Conseil que si elle est signée du Président, ou en son absence d'un Vice-Président, et dans les deux cas, contresignée par le Secrétaire.

Art. 14. — A l'issue de l'Assemblée générale annuelle, le Conseil se réunit et, conformément au § 1 de l'article 3 des Statuts, nomme son Bureau à la majorité absolue des membres présents ; au second tour de scrutin, la majorité relative suffit.

Art. 15. — Le Bureau provisoire qui préside à ces élections est composé du doyen d'âge, Président, assisté des deux plus jeunes membres du Conseil.

Art. 16. — L'élection pour les fonctions de Président, Vice-Présidents, Secrétaires, Trésorier, Comptable et Directeur général des cours a lieu séparément pour chacune de ces fonctions.

Art. 17. — Le Président du Conseil a la responsabilité de l'exécution de toutes les décisions du dit Conseil.

Art. 18. — L'insigne de l'Association est un nœud de ruban violet dont le type est déposé au siège social.

Tout membre du Conseil doit s'en munir à ses frais.

Bureau

Art. 19. — Le Bureau composé, comme il a été dit à l'art. 16, se réunit sur convocation du Secrétaire, contresignée du Président ou d'un des Vice-Présidents.

Art. 20. — Sur une demande signée du tiers au moins des membres du Conseil et sur un vote émis à la majorité absolue de ses membres, les membres du Bureau peuvent être destitués de leurs fonctions.

Art. 21. — Le Bureau est chargé de l'exécution des décisions du Conseil; il prend les renseignements nécessaires sur les personnes qui désirent devenir membres adhérents et les communique au Conseil qui statue.

Art. 22. — Le Bureau se réunit une fois par mois pour préparer l'ordre du jour de la réunion du Conseil.

Art. 23. — Le Président peut la convoquer d'office toutes les fois qu'il le croit utile, et doit la réunir lorsque la convocation est demandée par le Président d'une des Commissions.

Art. 24. — Les séances du Bureau sont présidées, comme celles du Conseil, par le Président; s'il est absent, par l'un des Vice-Présidents; à leur défaut, par un membre du Conseil désigné par ses collègues.

Art. 25. — Le Bureau peut, sur l'avis du Trésorier, autoriser les dépenses urgentes, ne dépassant pas vingt-cinq francs, non prévues par la Commission du budget.

Art. 26. — Les membres du Bureau sont tenus d'assister à toutes les réunions; ils doivent, en cas d'empêchement, prévenir par lettre le Secrétaire.

Art. 27. — Aucune personne étrangère au Bureau ne peut assister aux séances, si ce n'est par invitation du Président, après avis du Bureau.

Art. 28. — Nul ne pourra prendre la parole au nom de l'Association, sans autorisation du Bureau.

Art. 29. — Il sera pourvu, par le Conseil, aux vacances du Bureau dans les quinze jours.

Le nouvel élu n'entrera en fonction que pour le temps restant à courir jusqu'à l'époque réglementaire des élections.

Art. 30. — Le Bureau statue sur les demandes de communications au Conseil, formulées par les Sociétaires.

Art. 31. — Les délibérations du Bureau sont prises par assis et levé à la majorité des membres présents.

Ces délibérations sont consignées sur un registre *ad hoc*, par le Secrétaire présent.

Organisation des Cours

Art. 32. — Les cours ont lieu dans les Ecoles communales de Bois-Colombes et au siège social de l'Association.

Ils s'ouvrent chaque année vers le 15 octobre et durent jusqu'à Pâques.

Ils n'ont pas lieu les jours suivants :

La Toussaint, le Jour des Morts, Noël, veille, jour et lendemain du Nouvel An, lundi et mardi gras, jeudi de la Mi-Carême, le 2e jeudi de chaque mois et les jours des fêtes et conférences données par l'Association.

Art. 33 — Ainsi qu'il est dit à l'article précédent, les Cours prennent fin à Pâques.

Toutefois, après autorisation du Conseil d'administration, les professeurs, d'accord avec un nombre minimum de six élèves, pourront prolonger leurs cours au-delà du terme habituel, si le local et les nécessités budgétaires le permettent.

Art. 34. — Des commissaires délégués, avisés par le Secrétaire, sont chargés de l'inspection des cours. Ils rendent compte de leur mission au Conseil, ainsi qu'il est dit à l'art. 8 du présent règlement.

Art. 35. — Le jour et l'heure d'un cours ne peuvent être changés que par une décision du Conseil d'administration.

Art. 36. — Le Conseil peut suspendre d'office les cours qui ne réunissent pas un nombre suffisant d'élèves.

Des Secrétaires

Art. 37. — Le Secrétaire est chargé sous sa responsabilité de l'établissement du répertoire des membres adhérents, de la correspondance, des annonces ou des publications par affiches, avertissements à domicile ou insertions dans les journaux.

Art. 38. — Il est chargé aussi de la rédaction des procès-verbaux des séances, des rapports présentés au nom du Conseil aux Assemblées générales et de la conservation des archives de la Société,

Art. 39. — Il contresigne les diplômes et appose le cachet de l'Association. Il convoque, à tour de rôle, les membres du Conseil chargés de la surveillance des cours.

Art. 40. — Il tient à la disposition exclusive du Président ou des Vice-Présidents toutes pièces ou registres qui lui sont confiés.

Art. 41. — Les Secrétaires-Adjoints remplacent le Secrétaire en cas d'absence et se partagent le travail que le Secrétaire leur confie sous sa responsabilité.

Art. 42. — Les Secrétaires devront, chaque année, établir et afficher dans la salle du Conseil les tableaux ci-après :
1° Des Membres d'honneur ;
2° Des Donateurs ;
3° Des Membres du Conseil, de son Bureau et de ses Commissions :
4° Du service général ;
5° Des jours, heures et désignation des cours avec le nom des professeurs.

Ce dernier devra également être affiché dans les salles des cours.

Du Trésorier

Art. 43. — Le Trésorier tient les comptes de caisse.
Il recouvre les recettes et fait les paiements sur le visa du Président.
Il peut faire toucher, par un agent agréé par le Conseil, les cotisations dont il donne quittance au nom du Conseil.

Art. 44. — Il fait connaître au Conseil, à chacune de ses séances ordinaires, l'état de sa caisse.

Art. 45. — Il présente ses comptes, conjointement avec le comptable, à la Commission des finances, et est responsable des deniers.

Art. 46. — Il présente, après approbation de la Commission des finances et du Conseil d'administration, un état de la situation financière à l'Assemblée générale annuelle.

L'approbation donnée aux comptes du Trésorier lui vaut décharge.

Du Comptable

Art. 47. — Le comptable reçoit les pièces comptables des mains du Trésorier et passe les écritures.

Il prépare la situation annuelle et le budget des finances, d'accord avec le Trésorier et la Commission des finances.

Des Directeurs des Cours

Art. 48. — Le Directeur général des cours convoque les professeurs, prépare les programmes des cours qu'il surveille, conjointement avec les Commissaires délégués.

Art. 49. — Il est également chargé des rapports annuels sur les travaux de l'Association qu'il lit dans la séance solennelle de la distribution des prix et récompenses, dont l'organisation lui incombe d'accord avec le Conseil, les Professeurs, les Directeur et Directrice des cours et la Commission des fêtes.

Art. 50. — Il est également chargé, conjointement avec le Secrétaire, de la publication de ce rapport, du palmarès, de l'Assemblée générale et de tous les comptes rendus des travaux annuels de l'Association.

Art. 51. — Le Directeur de l'école communale des garçons remplit les fonctions de Directeur des cours des jeunes gens. La Directrice de l'école communale des demoiselles remplit les fonctions de Directrice des cours des jeunes filles.

Des Professeurs et des conditions des Cours

Art. 52. — Nul ne peut être professeur s'il n'est présenté par un membre du Conseil et élu à la majorité des membres présents à la séance de présentation.

Art. 53. — Les Professeurs prennent l'engagement de faire les cours avec la plus scrupuleuse régularité, de ne les interrompre que pour une nécessité absolue, et, dans ce cas, d'en prévenir le Directeur général des cours.

Art. 54. — Nul ne peut être professeur titulaire qu'après une année d'enseignement dans l'Association.

Art. 55. — La titularisation des Professeurs stagiaires ne devient définitive que le jour de la distribution des prix et récompenses où le diplôme de professeur titulaire leur sera remis.

Art. 56. — Le Conseil décerne une médaille de bronze à tout Professeur titulaire après trois ans, et une médaille d'argent après six ans d'exercice.

Art. 57. — Les Professeurs titulaires ayant obtenu la médaille d'argent peuvent, seuls, être proposés par le Conseil à l'Administration supérieure pour les palmes académiques.

Art. 58. — Les élèves des cours devront être inscrits par les soins des Professeurs et des Directeurs.

Art. 59. — Il leur sera remis chaque année, après un mois de présence assidue à deux cours différents au moins, des cartes leur donnant droit au prêt gratuit des volumes de la Bibliothèque de l'Association.

Art. 60. — Les peines disciplinaires infligées aux auditeurs qui troubleraient les cours, sont :
1° Le rappel à l'ordre ;
2° L'exclusion.

Art. 61. — Tout élève rappelé trois fois à l'ordre par le Professeur dans un même cours, sera exclu définitivement.

Art. 62. — L'Association distribue chaque année, à la fin des cours, des récompenses et encouragements aux élèves qui s'en seront rendus dignes par leur assiduité, leur travail et leurs progrès.

Les professeurs tiennent compte, pour la répartition des prix et accesssits, de la composition de fin d'année, des notes, des devoirs et de l'assiduité des élèves pendant tout le cours de l'exercice.

Art. 63. — Le nombre des prix donnés dans un cours ne peut excéder 3 pour un nombre d'élèves inférieur à 20 ; 4 pour un nombre inférieur à 30, et ainsi de suite.

Le nombre des prix ne pourra, en tous cas, excéder 5.

Art. 64. — Tout élève ayant obtenu une récompense dans un cours ne peut, ensuite, obtenir que des récompenses supérieures dans le même cours.

Art. 65. — La liste, par ordre de mérite, des élèves jugés dignes des récompenses devra être remise au directeur général par les soins des Directeur et Directrice des cours dans les dix jours qui suivront la fin des cours.

Des Fêtes

Art. 66. — Le Conseil, en dehors des conférences statutaires, peut organiser, seulement au profit de son œuvre, des fêtes, bals, concerts, etc.

Art. 67. — Un Commissaire général, membre du Conseil, est nommé chaque année aux élections du Bureau, avec tous les pouvoirs pour faire exécuter, sous sa responsabilité, les décisions de la Commission des fêtes.

Art. 68. — Les membres du Conseil, devant leur concours à la Société, sont tous commissaires dans chacune des fêtes organisées par le Conseil; ils doivent accepter et suivre les instructions du Commissaire général.

Art. 69. — Pour la distribution des prix, pour la séance de réouverture des cours, les membres du Conseil doivent être en tenue de soirée.

Art. 70. — Dans toutes les réunions en public, les membres du Conseil doivent porter à la boutonnière l'insigne de l'Association.

Des Commissions

Art. 71. — Le Conseil d'administration nomme chaque année dans la séance qui suit l'Assemblée générale six Commissions de neuf membres au moins chacune.

1° Commission des cours ;
2°   —   de la Bibliothèque ;
3°   —   des Finances ;
4°   —   du Matériel ;
5°   —   des Fêtes ;
6°   —   du Règlement.

Art. 72. — Le Président du Conseil qui fait partie de droit de toutes les Commissions, les convoque et les installe dans le mois qui suit leur nomination.

Art. 73. — Les Commissions choisiront dans leur sein un Président, un Secrétaire-Rapporteur.

Art. 74. — Elles exécutent les mesures adoptées par le Conseil et préparent ses décisions dans les matières de leur compétence.

Art. 75. — Toutefois, le Conseil pourra, dans le courant de l'année, et chaque fois qu'il le jugera utile, nommer des Commissions spéciales non prévues dans l'art. 71.

Des Assemblées générales

Art. 76. — L'Assemblé générale ordinaire est convoquée dans le courant du mois qui suit la distribution des prix et récompenses.

Art. 77. — Des Assemblées générales et extraordinaires peuvent avoir lieu à toute époque de l'année dans les conditions énoncées dans les articles 14, 16 et 17 des Statuts.

Art. 78. — Les Assemblées générales se forment de tous les adhérents ; elles sont tenues sur la convocation du Président ou, à son défaut, de l'un des Vice-Présidents. L'avis de convocation est adressé, au moins dix jours à l'avance, par une lettre spéciale dont le libellé comprend l'Ordre du jour de la Séance. — L'entrée aux Assemblées générales est personnelle.

Art. 79. — Le Bureau des Assemblées générales est le Bureau du Conseil, et les dispositions relatives à la tenue des Séances ordinaires sont applicables aux Assemblées générales. Les résolutions sont prises à la majorité des Membres présents. — L'Assemblée vote par assis et levé. Le scrutin a lieu, s'il est réclamé, par une demande écrite signée par dix Membres et acceptée par l'Assemblée.

Art. 80. — Les Sociétaires qui auraient des propositions à faire doivent les adresser, par écrit, au Secrétariat, au moins huit jours avant toute Assemblée générale. Il leur en est accusé réception et ces propositions ne sont portées à l'Ordre du jour, comme complément inattendu, qu'après un avis favorable donné par le Conseil. Aucune autre question que celles portées sur l'Ordre du jour ne peut être mise en délibération. Si, toutefois, au cours d'une Assemblée générale, une motion venait à se produire, le Bureau statuerait sur l'opportunité de la mise en discussion.

Art. 81. — Aucune demande de révision des Statuts ne pourra être portée devant l'Assemblée générale qu'autant qu'elle lui sera soumise par le Conseil d'administration ou réclamée par une demande écrite, signée par vingt-cinq Sociétaires au moins, conformément à l'article 16 des Statuts.

Cette demande devra être communiquée au Conseil un mois avant l'Assemblée générale ; mention en sera faite, avec le texte de la modification demandée, sur les lettres envoyées à tous les Sociétaires.

La majorité requise, pour qu'une modification aux Statuts soit adoptée, sera les deux tiers au moins des Membres présents. Le scrutin secret sera de droit, s'il est demandé.

Dans le cas imprévu de dissolution votée en Assemblée générale, conformément à l'article 17 des Statuts, par au moins la moitié plus un des Membres en exercice, une Commission de onze Membres, prise dans le sein de ladite Assemblée, sera chargée de sa liquidation ou de la reconstitution d'une nouvelle Société. En cas de liquidation, le produit des biens de l'Association Philotechnique : matériel, etc., ne pourra être affecté qu'au bénéfice d'une œuvre d'instruction laïque reconnue d'utilité publique.

Art. 82. — Les procès-verbaux des Assemblées générales sont consignés sur un registre spécial, signés par le Président et le Secrétaire présents à ces séances et tenus à la disposition des Membres de l'Association qui les voudraient consulter.

Bibliothèque

Art. 83. — Un règlement spécial pour la Bibliothèque de prêts est annexé au présent règlement.

Dispositions finales

Toute modification au présent Règlement ne pourra être mise à l'ordre du jour que sur la demande signée du tiers des Membres du Conseil et ne pourra être discutée qu'à la séance qui en suivra le dépôt sur le bureau du Conseil.

Le présent Règlement sera affiché dans la Salle du Conseil. — Le Secrétaire est chargé de ce soin.

Le Conseil général accorde à l'Association une subvention de 500 francs, reconnaissant ainsi les progrès réalisés chaque année dans le développement de l'instruction complémentaire et le Conseil municipal de Colombes, ne voulant pas rester en arrière, vote à son tour un crédit annuel de 200 francs.

Un des Professeurs les plus distingués de l'Association lui fut enlevé à cette époque. Nous voulons parler du décès de M. Sillet, qui enseigna le dessin à nos jeunes filles avec une ardeur et un talent tout particuliers pendant sept années et remplit également la lourde fonction de Bibliothécaire pendant un certain temps.

Dans le courant de 1887, M. Sanglier, Président de l'Association, est nommé Officier de l'Instruction publique et, à la Distribution des Prix, MM. Veyrat et Coullon, Professeurs depuis six ans, reçoivent des Médailles d'argent, et MM. Benoist, Puzin et Vinot, Professeurs depuis trois ans, ainsi que MM. Alphonse Martin et Auguste Moreau, Conférenciers, des Médailles de bronze.

L'année 1888 devait enfin apporter la solution tant désirée : dès les premiers jours de mai, M. Sanglier annonçait que la Société était reconnue par le Conseil d'Etat et qu'il ne restait plus qu'à soumettre le décret à la signature du Président de la République. Dans la réunion du Conseil du 24 mai, le Président donnait lecture, aux applaudissements de tous, du Décret de reconnaissance d'utilité publique.

MINISTÈRE
DE
L'INSTRUCTION PUBLIQUE
ET DES BEAUX-ARTS

CABINET

N° 114

DÉCRET

Le Président de la République Française,

Sur le rapport du Ministre de l'Instruction publique et des Beaux-Arts,

Vu la demande formée par la Société dite : **Association Philotechnique de Bois-Colombes** (Seine), et établie dans cette commune, n° 14, rue des Aubépines, en vue d'obtenir sa reconnaissance comme établissement d'utilité publique ;

Vu l'arrêté du Préfet de police, en date du 11 octobre 1878, autorisant la constitution de cette Société ;

Vu la situation financière et les Statuts de l'œuvre ;

Vu l'avis du Préfet de la Seine, en date du 27 octobre 1886 ;

Vu l'avis du vice-Recteur de l'Académie de Paris, en date du 23 novembre 1886 ;

Vu l'avis du Président du Conseil, Ministre de l'Intérieur et des Cultes, en date du 17 décembre 1886 ;

La section de l'Intérieur, des Cultes, de l'Instruction publique et des Beaux-Arts du Conseil d'État entendue ;

DÉCRÈTE

ARTICLE PREMIER. — Est reconnue comme établissement d'utilité publique l'Association Philotechnique de Bois-Colombes (Seine).

ART. 2. — Sont approuvés les Statuts de ladite Association annexés au présent décret.

ART. 3. — Le Ministre de l'Instruction publique et des Beaux-Arts est chargé de l'exécution du présent décret.

Fait à Paris, le 7 mai 1888.

Signé : CARNOT.

Par le Président de la République :

Le Ministre de l'Instruction publique et des Beaux-Arts :

Signé : E. LOCKROY.

Pour ampliation :

Le Chef de Bureau au Cabinet :

ROUJON.

Bois-Colombes, cette petite section de Colombes, prenait ainsi la première place entre les 3 sections de la Commune. Il est inutile d'insister sur les avantages que nous donnait cette reconnaissance. Tout le monde sait que les établissements d'utilité publique sont des institutions fonctionnant en dehors de l'Administration générale ou locale et investies de la personnalité civile qui leur permet de posséder des biens, de recueillir des dons et legs pour perpétuer leur œuvre.

Comme nous sommes loin de l'année 1869, où Bois-Colombes, privé d'écoles, semblait devoir toujours végéter. On est tout surpris des progrès réalisés en moins de 20 années.

C'est tout d'abord une Société qui subvient aux frais d'instruction de nos enfants, puis le Département et la Commune s'émeuvent à leur tour de l'abandon intellectuel dans lequel nous vivons et prennent à leur charge les dépenses nécessitées par la fondation des premières Ecoles Communales C'était un progrès, un progrès énorme. Qui ne se souvient des vieux bâtiments qui abritaient nos garçons et nos filles ? Le premier Conseil municipal véritablement républicain qui comprit sa tâche eut la gloire de faire construire ces spacieux bâtiments qui furent l'objet des critiques les plus véhémentes de la part des partisans du retour en arrière.

Ah ! on riait à ce moment : on les trouvait trop vastes ! les railleurs de l'époque ne pouvaient s'imaginer qu'ils deviendraient un jour insuffisants.

Nous les engageons à aller visiter nos classes pour se convaincre du peu de valeur de leurs attaques.

Puis c'est l'Association fondée par quelques hommes à l'esprit large et éclairé ; enfin, comme couronnement de l'œuvre, sa reconnaissance d'utilité publique. Bois-Colombes n'a donc plus rien à envier aux communes les plus prospères de France.

L'Association pouvait dès lors accepter avec reconnaissance le don de 4,000 francs que lui avait fait M. Fierfort le 23 juillet 1883 et, le Conseil croyait de son devoir de déléguer son Bureau tout entier pour remercier encore une fois ce généreux donateur. Il adressait en même temps à M. Veyrat de chaleureux remerciements pour le concours dévoué et les nombreux travaux auxquels il s'était livré pour obtenir ce résultat. M. Sanglier reçoit également de légitimes remerciements pour ses démarches de la dernière heure, qui ont facilité et hâté la solution définitive de cette question en suspens depuis plusieurs années. Nous ne saurions trop insister sur le dévouement dont fit preuve en cette occasion notre cher Président. Après une discussion sur l'emploi de cette petite fortune, on décide de la placer en obligations du Chemin de fer Est-Algérien dont les intérêts, garantis par l'Etat, donnent un placement de 3.88 0/0.

L'Association fait cette année une perte cruelle en la personne de M. Fargues de Taschereau, ancien Professeur de l'Université, qui avait bien voulu mettre à notre service sa longue expérience et ses conseils éclairés.

Nous devons aussi mentionner le départ de M. Argentié, qui priva l'Association d'un de ses Membres les plus dévoués. Durant son absence, le Conseil, alors qu'il avait besoin de dévouement, songea plus d'une fois au vieil instituteur de Bois-Colombes dont l'activité avait été véritablement surprenante. Heureusement son absence ne devait pas être définitive, car M. Argentié nous revenait quelques années plus tard, et c'est avec empressement que le Conseil l'accueillait à nouveau dans son sein le 6 février 1893.

A la Distribution des Prix, M. Talbot félicite vivement M. Coullon de sa nomination au grade d'Officier d'Académie et remet des Médailles de bronze à MM. Kownacki et Franck, Conférenciers et à MM. Détolle, Duval et Perrier, Professeurs depuis 3 ans.

Pour la première fois aussi depuis sa fondation, l'Association remet des Diplômes de Professeur à Mme Sillet et à Mlle Jenny Wever, ainsi qu'à MM. Coullon, Cousin, Détolle, Janneaux, Montagne, Perrier, Puzin, Veyrat et Wargny.

L'Association Philotechnique, invitée en 1889 à prendre part officiellement au Congrès International de l'Enseignement primaire siégeant à Paris, y délègue M. Veyrat, son Vice-Président. M. Veyrat, nommé par le Congrès délégué de la Seine, fait adopter le principe de l'enseignement agricole et industriel dans les Écoles primaires élémentaires et supérieures et dans les Écoles Normales, ainsi que plusieurs autres résolutions des plus importantes. Les conclusions du mémoire présenté par M. Veyrat ont servi de base aux décisions prises par toutes les Sections réunies du Congrès.

C'est au cours de cette même année que l'Association demande au maire de Colombes la faveur de donner ses cours aux nouvelles Écoles, ce qui lui est accordé. Deux ans plus tard, la Municipalité prenait à sa charge les frais de chauffage et d'éclairage des cours.

M. Cousin, Professeur de Dessin, est nommé Officier d'Académie sur la proposition du Conseil d'administration, agréée par le ministre.

L'Histoire de l'Association philotechnique depuis sa reconnaissance d'utilité publique n'offre rien de particulier, les années se suivent et se ressemblent.

Les professeurs montrent un zèle qui ne se ralentit pas et nous ne saurions trop insister sur le dévouement infatigable de cette petite phalange de savants et d'artistes qui, le soir venu, par les rudes temps d'hiver, après toute une journée de labeur, viennent encore communiquer leur science et leur savoir à nos élèves désireux de s'instruire. Nous croirions manquer aux devoirs les plus élémentaires de la reconnaissance si nous pas-

— 54 —

sions sous silence les noms de ceux qui ont mérité le seul témoignage d'estime dont dispose l'Association à leur égard. Voici donc la liste des professeurs et des conférenciers qui ont obtenu des diplômes et des médailles pendant les années :

1889

Diplômes de professeur.. Mme Nallet Poussin, MM. Donot, Alibert, Boyon et Perrier.

Médailles de bronze..... Mmes Blondeau et Jenny Wever, MM. Janneaux et Montagne, professeurs depuis 3 ans, MM. Lavergne et Couret, conférenciers.

1890

Diplômes de professeur.. Mme Mathieu, MM. Hélouïs et Bernard.

Médailles de bronze..... MM. Alibert, Donot et Boyon, professeurs depuis 3 ans, et MM. Paul Vibert et Hélouïs, conférenciers.

Médaille d'argent...... M. Vinot, professeur depuis 6 ans.

1891

Diplôme de professeur.. M. Caucaunier.

Médailles de bronze.... Mme Nallet Poussin et M. Bernard, professeurs depuis 3 ans, et MM. Robert Bernier et Lamquet, conférenciers.

Médailles d'argent...... MM. Perrier et Détolle, professeurs depuis 6 ans.

1892

Diplômes de professeur.. MM. Restiau, Lestrade et Baux, Mlle C. Merlin.

Médailles de bronze .... M. Cottin, professeur depuis 3 ans, et et MM. Lamquet et Moreau, conférenciers.

Médailles d'argent...... Mmes Blondeau et Jenny Vert, MM. Janneaux et Montagne, professeurs depuis 6 ans.

1893

Médailles de bronze..... MM. Lestrade, professeur depuis 3 ans, MM. Berthelot et Parisse, conférenciers, et M. Lamort, secrétaire.

Médailles d'argent...... MM. Alibert, Boyon et Donot, professeurs depuis 6 ans.

1891

Diplômes de professeur..	MM. Cronier, Lavanoux, Le Chevalier et Fattorini.
Médailles de bronze.....	Mlle C. Merlin et M. Caucaunier, professeurs depuis 3 ans; Mme Lahr, M. le Dr Léon Petit et M. Argentié, conférenciers.
Médailles d'argent......	Mme Nallet Poussin et M. Cottin, professeurs depuis 6 ans, et M. Moreau, conférencier.

Le seul fait saillant de l'histoire qui nous reste à parcourir est la modification d'un article des Statuts. En 1892, on s'aperçut que le paragraphe 4 de l'article 14 ainsi conçu :

« En cas d'empêchement, les membres de l'Association peuvent
« voter sur les questions à l'ordre du jour des Assemblées générales
« par procuration, pourvu que le mandataire soit déjà sociétaire et
« qu'il ne puisse réunir plus de cinq voix, y compris la sienne »,

permettait à cinq membres assistant à la séance, de renverser le Conseil composé de 21 membres, puisque ces cinq personnes pouvaient représenter vingt-cinq voix. — En outre, le Conseil d'administration pouvait indéfiniment faire la majorité des Assemblées générales puisque, ce même paragraphe lui donnait la faculté de représenter 105 suffrages.

On présenta alors à l'Assemblée générale extraordinaire ce paragraphe ainsi modifié :

Les membres de l'Association doivent être présents pour voter et ne peuvent, dans aucun cas, voter par procuration. L'Assemblée générale acceptait cette proposition à l'unanimité des membres présents. Le Conseil d'Etat notifiait à l'Association, le 8 mars 1893, qu'il acceptait le changement introduit dans le paragraphe 4 de l'article 14.

L'Association désirait venir en aide, d'une manière efficace, aux jeunes gens ayant suivi régulièrement les cours, et sur la proposition de M. Fierfort, se mettait en rapport avec une grande partie des syndicats professionnels afin de permettre aux familles d'obtenir tous les renseignements désirables pour le placement de leurs enfants dans le Commerce ou dans l'Industrie. C'était, en somme, reprendre et compléter l'idée de MM. Sautier et Portet. Nous croyons utile de donner la liste de ces syndicats qui, grâce aux nombreuses démarches du tout dévoué M. Fierfort, veulent bien se mettre à la disposition de nos élèves.

« Les Fleurs — les Plumes — l'Ecole française d'Horlogerie — les
« Modes — la Bijouterie — les Polisseuses — les Fabriques de bou-
« tons — la Passementerie — la Mercerie — les Rubans — l'Epicerie
« — la Confiserie — la Chocolaterie — l'Ebénisterie — les Tour-
« neurs — les Menuisiers en sièges — les Menuisiers en meubles —

« les Sculpteurs — les Tapissiers — la Quincaillerie — les Fabriques
« de Parapluies — celles des Ombrelles — les Fabricants de Cannes,
« de Manches de Fouets et de Cravaches — l'Imprimerie — la Litho-
« graphie — la Librairie — la Ferblanterie — l'Association des
« Demoiselles du Commerce — et les Patronages divers. »

Durant ces dernières années, la mort sévit cruellement parmi les membres du Conseil et surtout parmi ceux qui avaient été les promoteurs de l'Association. En 1890, c'est le décès de M. Portet, membre fondateur, dont nous avons déjà fait l'éloge comme comptable et celui du regretté M. Playou, qui contribua puissamment par ses libéralités à l'établissement de la Bibliothèque. Puis nous perdions M. Biron qui, quelques jours avant sa mort, avait tenu à prouver son attachement à l'Association, en remettant à notre secrétaire, une somme de deux mille francs, dont l'emploi devait se faire dans les mêmes conditions que le don Fierfort. Ensuite M. Restiau, professeur depuis quatre années, dont nous avions su apprécier les grandes connaissances et les hautes capacités, mourait prématurément le 25 avril 1893 et M. Frank Géraldy, un des premiers professeurs de l'Association, ingénieur distingué, écrivain scientifique remarquable, s'éteignait à son tour et nous privait d'un de nos plus brillants conférenciers. Enfin M. Barthe, membre fondateur, trésorier pendant treize ans, était enlevé aussi à notre amitié le 2 juin.

Actuellement l'Association fonctionne avec la plus grande régularité. Le Conseil d'administration se réunit une fois par mois et discute les questions intéressant la Société. L'ouverture des cours a lieu solennellement dans la salle municipale de la rue Verte. Les cours sont réglés par un Directeur général, qui, chargé de leur organisation et conjointement avec les membres du Conseil, en surveille la marche ; ils ont lieu dans les écoles communales. L'enseignement que l'on donne aux élèves devient de plus en plus élevé. Il suffit, pour s'en convaincre, de consulter le programme ci-dessous :

Dames et Jeunes Filles

Directrice des Cours : Mme SILLET

Lundi, de 8 h. à 9 h. — Mme Pigeau-Jackson. — Anglais.

De 9 h. à 10 h. — M. F. Cottin. — Comptabilité et droit commercial : du commerce, des commerçants, effets de commerce, livres de commerce, tenue de livres, balance de vérification, inventaire.

Mardi, de 8 h. à 9 h. — Mme Sillet. — Français.

De 9 h. à 10 h. — M. Boyon. — Allemand, 1re année et 2e année.

Mercredi, 7 h. 1/2 à 8 h. 1/2. — Mme Nallet Poussin. — Dessin d'art.

Vendredi, de 8 h. à 9 h. — M. Le Chevalier. — Histoire, histoire moderne et contemporaine, de Louis XV à nos jours.

De 9 h. à 10 h. — M. Le Chevalier. — Mathémathiques.

Samedi, de 8 h. à 9 h. 45. — Mlle C. Merlin. — Coupe et assemblage.

Hommes et Jeunes Gens

DIRECTEUR DES COURS : M. WARGNY

Mardi, de 8 h. à 9 h. — M. CRONIER. — Histoire et géographie.
De 8 h. à 10 h. — M. CAUCAUMIER, M. GRÉTIN, adjoint. — Dessin d'art et industriel.
Mercredi, de 8 h. à 10 h. — M. DONOT. — Comptabilité, 1ʳᵉ et 2ᵉ année. — 1ʳᵉ année : Droit commercial, Principes de comptabilité. — 2ᵉ année : Comptabilité commerciale et de banque, Inventaire-bilan, Comptes d'intérêts.
De 9 h. à 10 h. — M. CERVONI — Anglais.
Vendredi, de 8 h. à 9 h. — M. LAVANOUX. — Allemand.
De 9 h. à 10 h. — M. MONTAGNE. — Mathématiques.
Samedi, de 8 h. à 9 h. — M. J. BERNARD. — Sténographie.
De 8 h. à 10 h. — M. FATTORINI. — Dessin linéaire et industriel, Perspective.

Cours Mixtes

(JEUNES FILLES ET JEUNES GENS)

Lundi, de 8 h. à 9 h. — M. JANNEAUX. — Lecture et Récitation. — Lecture : la voix, la respiration, la ponctuation. — Récitation : morceaux choisis, tragédie, comédie.
De 9 h. à 10 h. — M. WISNER. — Histoire naturelle : hygiène pratique, appareils de la série animale, leurs fonctions, Anatomie et Physiologie des plantes, Classification.
Mardi, de 8 h. à 9 h. — M. L. LAURENT. — Histoire de la musique.
Mercredi, de 9 h. à 10 h. — Mᵐᵉ LARR. — Littérature, histoire littéraire, explication des auteurs désignés pour le brevet supérieur.
Vendredi, de 9 h. à 10 h. — M. WISNER. — Physique et chimie, pesanteur : hydrostatique, chaleur, électricité, optique, chimie : metalloïdes et métaux.

Les distributions des prix ont lieu chaque année sous la présidence d'un délégué officiel, et ces cérémonies attirent toujours un nombreux public.

Le ministère de l'Instruction publique nous envoie des prix et des gravures ; le ministère du Commerce nous offre depuis deux ans des médailles d'argent pour récompenser les élèves de nos cours techniques ; M. le Préfet veut bien aussi nous donner un certain nombre de volumes au nom du Conseil général de la Seine. Le Conseil municipal de Colombes, la Caisse des Ecoles, la Loge la *Concorde*, l'Association philotechnique de Paris encouragent de même nos élèves par des prix et des médailles. Nous sommes heureux de pouvoir témoigner notre reconnaissance à ceux de nos généreux concitoyens qui, comme Mᵐᵉˢ Blondeau et Fierfort, MM. Sanglier, Chefson, Durandelle, etc., etc., nous permettent de distribuer des livrets de Caisse d'épargne.

Nous devons aussi nous arrêter un instant sur la tentative faite par le Conseil de créer des cours mixtes à Bois-Colombes. Dans la plupart des Associations philotechniques, l'essai de faire suivre les mêmes cours aux jeunes gens et aux jeunes filles ayant donné d'excellents résultats, nous avions pensé qu'il en serait de même chez nous et, en 1893, plusieurs cours mixtes furent créés. Nous ne ferons aucune difficulté pour reconnaître que nous avons été légèrement déçus dans nos espérances, car ils n'ont pas été suivis avec tout l'empressement auquel nous nous attendions. Ils sont cependant utiles ces cours mixtes, car tout d'abord c'est exciter l'amour-propre des élèves en leur permettant d'être nombreux, puis c'est donner aux professeurs les moyens de consacrer beaucoup plus de temps à leur enseignement respectif. Nous espérons que, lorsqu'ils seront connus du public, lorsque les parents de nos élèves auront pu se convaincre qu'ils sont l'objet d'une surveillance toute particulière de la part des membres du Conseil, nous espérons, disons-nous, qu'ils seront appréciés comme ils le méritent et que, bientôt, il n'y aura plus que des cours mixtes à l'Association.

Si l'enseignement que nos élèves reçoivent est à peu près complet, nous ne sommes point encore arrivés au but que nous désirons atteindre. Nous avons actuellement des cours qui comprennent tous les principes des connaissances qu'un homme doit posséder, mais il reste néanmoins une lacune à combler : nous voulons parler de l'enseignement professionnel. Il ne nous déplairait pas de voir l'Association, dont la situation est prospère, entrer dans cette voie et donner à nos élèves les moyens d'abréger, autant que possible, les longues années d'apprentissage pour les mettre à même de devenir rapidement de bons ouvriers ou d'excellents contremaîtres.

Qu'il nous soit permis d'exprimer encore un vœu, que l'Association regarde sans crainte l'avenir et qu'elle mette à exécution le projet depuis longtemps caressé de faire construire un immeuble où elle pourrait réunir sa Bibliothèque, la salle du Conseil et ses salles de Cours. Mais, pour cela, il est nécessaire que chacun des membres adhérents se pénètre de l'idée que « tout n'est pas pour le mieux dans la meilleure des Associations possibles » et qu'il est utile de faire à nouveau une propagande active en faveur de notre belle œuvre. Nos concitoyens, tous gens de cœur, partisans de l'instruction pour tous, ne resteront pas insensibles à notre appel, et il ne dépend que d'eux de rendre notre Association une des plus prospères de la banlieue.

« Regarde toujours plus haut », disait le capitaine au mousse : Excelsior ! crierons-nous à ceux qui recueilleront le fruit des longs et pénibles efforts d'hommes qui travaillent depuis seize ans au développement de l'Instruction des Enfants de Bois-Colombes pour la gloire de la France et de la République.

Membres Honoraires de l'Association

MM. Jacolliot, Président d'Honneur,	du 13 novembre 1879	
Guillot, Maire de Colombes,	du 28 juin 1880	
M⁰ᵉ Fierfort,	du 21 juin 1882	
M. Talbot, Président d'Honneur,	du 21 juin 1882	
Mᵐᵉ De Rothschild (Baronne Nathaniel),	du 28 juillet 1883	
Rothschild (Baronne Salomon),	du 28 juillet	—
De Zuylen de Nyevelt (Bⁿⁿᵉ Hélène de Rothschild),	du 28 juillet	—
MM. De Rothschild (Baron Alphonse),	du 28 juillet	—
De Rothschild (Baron Edmond),	du 28 juillet	—
De Rothschild (Baron Gustave),	du 28 juillet	—
De Rothschild Frères,	du 28 juillet	—
De Rothschild (Baronne James),	du 28 juillet	—
De Rothschild (Baron Arthur),	du 28 juillet	—
Fierfort,	du 28 juillet	—
Durieu, Président du Conseil d'Adⁿ du Crédit Industriel,	du 28 juillet	—
André Girod, Banquiers,	du 28 juillet	—
Mᵐᵉ Vᵛᵉ Tresse, Éditeur,	du 9 août 1884	
MM. Calmann-Lévy, —	du 9 août	—
Decaux, —	du 9 août	—
Delagrave, —	du 9 août	—
Ducrocq, —	du 9 août	—
Firmin-Didot, —	du 9 août	—
Fontaine, —	du 9 août	—
Ghio, —	du 9 août	—
Hachette et Cⁱᵉ, —	du 9 août	—
Hetzel, —	du 9 août	—
Lemercier, —	du 9 août	—
Lemerre, —	du 9 août	—
Ollendorff, —	du 9 août	—
Wargny, Dʳ des Cours,	du 9 août 1884	
Mᵐᵉ Sillet, Dʳ des Cours,	du 9 août	—
Malard, Vice-Président Honoraire,	du 16 octobre	—
Guérin,	du 4 juillet 1885	
Marpon et Flammarion, Éditeurs,	du 4 juillet	—
Brare, Éditeur,	du 10 juillet 1886	
Hippeau, —	du 10 juillet	—
G. Masson, —	du 10 juillet	—
Pilon,	du 30 juillet 1887	
Plon et Nourrit, Éditeurs,	du 30 juillet	—
Alcan, Éditeur,	du 1ᵉʳ septembre 1888	
Perrin, —	du 1ᵉʳ septembre 1888	
Argentié,	du 6 juillet 1889	
Jouaust, —	du 6 juillet	—
Jouvet et Cⁱᵉ, Éditeurs,	du 26 juillet 1890	
Géraldy, Conférencier,	du 26 juillet	—
Cousin, Professeur,	du 25 juillet 1891	
Barthe, Trésorier Honoraire,	du 25 juillet	—
Biron,	du 28 juillet 1892	
Couillon, Professeur,	du 28 juillet	—
Sanglier,	du 28 juillet	—
Veyrat,	du 28 juillet	—
Lhotte,	du 20 mars 1894	

MEMBRES DU CONSEIL

ARGENTIÉ, o.a.	JACQUIN	DUFORÊT			
du 11 octobre 1878 au 13 septembre 1888	du 11 octobre 1888 au 18 juillet 1889	du 18 juillet 1889 au	du au	du au	du au
BARTHE, o.a.	**ARGENTIÉ**				
du 11 octobre 1878 au 6 février 1893	du 6 février 1893 au	du au	du au	du au	du au
BONNAURE	**MERTENS**				
du 11 octobre 1878 au 22 juin 1881	du 29 juin 1881 au	du au	du au	du au	du au
BONNEAU	**JEANNEY**	**FOINANT**	**HARDY**	**ROUSSEAU**	
du 11 octobre 1878 au 26 février 1880	du 8 avril 1880 au 10 novembre 1883	au 20 novembre 1883 au 29 septembre 1887	du 12 janvier 1888 au 12 juillet 1888	du 12 juillet 1888 au	du au
CLÉMENT	**GLEIZES**	**POUILLIER**	**DE LAUNOY**	**DURANDELLE**	
du 11 octobre 1878 au 9 septembre 1880	du 9 septembre 1880 au 12 novembre 1881	du 12 novembre 1881 au 19 octobre 1889	du 13 février 1890 au 12 mars 1891	du 14 mai 1891 au	du au
COFFINIÈRES	**D'IMBERT**	**FARGUES DE TASCHEREAU**	**WAROT, o.i.**	**ADAM**	**MOREAU, o.a. m.a.**
du 11 octobre 1878 au 26 septembre 1879	du 13 novembre 1879 au 13 août 1885	du 10 septembre 1885 au 11 octobre 1888	du 30 octobre 1888 au 12 février 1891	du 12 mars 1891 au 10 mars 1892	du 12 mai 1892 au
COTTIN, o.a.	**LECOMTE Fils**	**QUÉMONT**	**PILON**	**HUGOT, o.i.**	**WISNER**
du 11 octobre 1878 au 4 septembre 1879	du 13 novembre 1879 au 11 juin 1880	du 9 juillet 1880 au 10 novembre 1882	du 7 décembre 1882 au 3 août 1891	du 8 octobre 1891 au 11 janvier 1894	du 11 janvier 1894 au

DUFORÊT	PUZIN	FIERFORT			
du 11 octobre 1878 au 8 octobre 1885	du 22 octobre 1885 au 12 juillet 1886	du 12 juillet 1886 au	du au	du au	du au
FIERFORT	SILLET, o.a.	REYNAUD			
du 11 octobre 1878 au 10 novembre 1883	du 20 novembre 1883 au 21 juillet 1887	du 21 juillet 1887 au	du au	du au	du au
GENAILLE	LAWRENCE	LAVANOUX			
du 11 octobre 1878 au 10 décembre 1885	du 14 janvier 1886 au 10 juillet 1886	du 10 juillet 1886 au	du au	du au	du au
GÉRARD	GIRARD	LEBEL	BENOIST	PERRIER, o.a.m.a.	DESTREM o.a.
du 11 octobre 1878 au 6 mars 1879	du 13 mai 1879 au 10 novembre 1882	du 10 novembre 1882 au 19 février 1885	du 19 mars 1885 au 13 décembre 1887	du 13 octobre 1887 au 24 septembre 1892	du 24 septembre 1892 au
GRÉDELUE	MALARD	BOYON			
du 11 octobre 1878 au 27 juin 1879	du 27 juin 1879 au 16 octobre 1884	du 16 octobre 1884 au	du au	du au	du au
JACOLLIOT, o.i.	DORVILLE	COULON, o.a.	RENAUD, ✻		
du 11 octobre 1878 au 27 juin 1879	du 17 juillet 1879 au 10 novembre 1882	du 7 décembre 1882 au 3 août 1891	du 8 octobre 1891 au	du au	du au
JOB	JOLLIVET	VEYRAT, o.i.	LAMORT		
du 11 octobre 1878 au 27 juin 1879	du 17 juillet 1879 au 22 juin 1881	du 29 juin 1881 au 14 novembre 1889	du 11 décembre 1889 au	du au	du au
LEDRAN	CRESSON	LHOTTE	LUCAS		
du 11 octobre 1878 au 21 février 1884	du 13 mars 1884 au 16 octobre 1884	du 13 novembre 1884 au 22 février 1894	du 22 février 1894 au	du au	du au

MERTENS	PLAYOU	HÉLOUIS, o.a.	LESTRADE	CHEFSON	
du 11 octobre 1878 au 13 novembre 1879	du 13 novembre 1879 au 9 janvier 1890	du 11 mars 1890 au 27 juillet 1891	du 3 août 1891 au 24 juillet 1893	du 24 juillet 1893 au	du au
MUTZIG	JOBERT				
du 11 octobre 1878 au 17 décembre 1881	du 17 décembre 1881 au	du au	du au	du au	du au
PORTET, o.a.	BIRON	RESTIAU, o.a.m.a.	DEVINCK, o. ✻		
du 11 octobre 1878 au 11 mars 1890	du 10 juillet 1890 au 1ᵉʳ décembre 1891	du 14 janvier 1892 au 20 août 1892	du 8 septembre 1892 au	du au	du au
SANGLIER, o.a.					
du 11 octobre 1878 au	du au	du au	du au	du au	du au
SCHMEIDER	PINTA	DUBUS	GRISIER, o.a.	BOURDARIE	COTTIN, o.a.
du 11 octobre 1878 au 27 juin 1879	du 17 décembre 1879 au 17 décembre 1881	du 17 décembre 1881 au 11 décembre 1884	du 5 février 1885 au 12 septembre 1889	du 12 septembre 1889 au 25 juillet 1891	du 25 juillet 1891 au
VINCHES	HUE	COTTIN, o.a.	GÉRALDY	DETOLLE	
du 11 octobre 1878 au 17 juillet 1879	du 17 juillet 1879 au 23 juillet 1881	du 23 juillet 1881 au 20 juillet 1883	du 11 août 1883 au 12 septembre 1889	du 12 septembre 1889 au	du au

LISTE des MEMBRES du BUREAU de L'ASSOCIATION PHILOTECHNIQUE
de Bois-Colombes

Présidents Honoraires

MM. Jacolliot,	du 13 novembre 1879 au 29 juin 1882
Talbot,	du 29 juin 1882 au

Présidents

Jacolliot,	du 17 septembre 1878 au 16 mai 1879
Bonnaure,	du 16 juillet 1879 au 10 juillet 1880
Sanglier,	du 10 juillet 1880 au

Vice-Présidents Honoraires

MM. Malard,	du 16 octobre 1884
Fierfort,	du 24 juillet 1893

1er Vice-Présidents

MM. Coffinières,	du 17 septembre 1878 au 20 janvier 1879
Mertens,	du 20 janvier 1879 au 17 juillet 1879
Bonneau,	du 17 juillet 1879 au 26 février 1880
Argentié,	du 8 avril 1880 au 10 juillet 1880
Malard,	du 10 juillet 1880 au 29 juin 1882
Veyrat,	du 29 juin 1882 au 14 novembre 1889
Pilon,	du 14 novembre 1889 au 25 juillet 1891
Fierfort,	du 25 juillet 1891 au 28 juillet 1892
Duforêt,	du 28 juillet 1892 au

2e Vice-Présidents

MM. Dr Gérard,	du 17 septembre 1878 au 6 mars 1879
Dorville,	du 23 juillet 1879 au 10 juillet 1880
Fierfort,	du 10 juillet 1880 au 29 juin 1882
Malard,	du 29 juin 1882 au 16 octobre 1884
Pilon,	du 13 novembre 1884 au 14 novembre 1889
Fierfort,	du 14 novembre 1889 au 25 juillet 1891
Pilon,	du 25 juillet 1891 au 8 octobre 1891
Duforêt,	du 8 octobre 1891 au 28 juillet 1892
Fierfort,	du 28 juillet 1892 au 24 juillet 1893
Destrem,	du 24 juillet 1893 au

Secrétaires

MM. Sanglier,	du 17 septembre 1878 au 10 juillet 1880
Clément,	du 10 juillet 1880 au 9 septembre 1880
Duforêt,	du 23 septembre 1880 au 7 décembre 1882
Cottin,	du 23 décembre 1882 au 28 juin 1883
Lebel,	du 3 juillet 1883 au 19 février 1885
Boyon,	du 19 février 1885 au 9 avril 1891
Lamort,	du 9 avril 1891 au

1er Secrétaires-Adjoints

MM. COTTIN,   du 17 septembre 1878 au 4 septembre 1879
CLÉMENT,   du 4 septembre 1879 au 10 juillet 1880
D'IMBERT,   du 10 juillet 1880 au 29 juin 1881
PLAYOU,   du 29 juin 1881 au 1er septembre 1888
LHOTTE,   du 1er septembre 1888 au 22 février 1893

2e Secrétaires-Adjoints

MM. VINCHES,   du 17 septembre 1878 au 17 juillet 1879
JOLLIVET,   du 17 juillet 1879 au 29 juin 1881
D'IMBERT,   du 29 juin 1881 au 29 juin 1882
COTTIN,   du 29 juin 1882 au 23 décembre 1882
LEBEL,   du 23 décembre 1882 au 3 juillet 1883
DUFORÊT,   du 28 juillet 1883 au 9 août 1884
FOINANT,   du 9 août 1884 au 19 février 1885
LHOTTE,   du 19 février 1885 au 1er septembre 1888
PLAYOU,   du 1er septembre 1888 au 9 janvier 1890
LAMORT,   du 9 janvier 1890 au 9 avril 1891
ADAM,   du 9 avril 1891 au 14 avril 1892
LAVANOUX,   du 14 avril 1892 au

Trésoriers

MM. BARTHE,   du 17 septembre 1878 au 12 février 1891
BINON, adjoint,   du 9 octobre 1890 au 12 février 1891
BINON,   du 12 février 1891 au 9 avril 1891
DÉTOLLE,   du 9 avril 1891 au

Comptables

MM. PERTET,   du 29 juin 1881 au 9 avril 1884
FOINANT,   du 9 août 1884 au 30 juillet 1887
POUILLIER,   du 30 juillet 1887 au 1er septembre 1888
ROUSSEAU,   du 1er septembre 1888 au

Directeurs des Cours

MM. ARGENTIÉ, du 17 septembre 1878 au 1er septembre 1888
POUILLIER,   du 1er septembre 1888 au 6 juillet 1889
PERRIER,   du 6 juillet 1889 au 24 septembre 1892
LESTRADE,   du 24 septembre 1892 au 24 juillet 1893
COTTIN,   du 24 juillet 1893 au

Bibliothécaires

MM. ARGENTIÉ, du 26 novembre 1878 au 28 juin 1883
FIERFORT,   du 28 juillet 1883 au 10 novembre 1883
SILLET,   du 10 novembre 1883 au 10 juillet 1886
LAVANOUX,   du 10 juillet 1886 au 19 avril 1891
BOYON,   du 19 avril 1891 au

LISTE DES PROFESSEURS

DE L'ASSOCIATION PHILOTECHNIQUE

(Section des Jeunes Filles)

Mme Sillet........	Français.	du 16 décembre 1878		(touj. en fonct.).	
Mlle Grosmenil.....	Dessin.	du —	—	au 3 avril	1879.
MM. Bonneau......	Physique.	du —	—	au — —	—
Clément......	Mathématiques	du —	—	au 27 janvier	1881.
Dr Gérard....	Hygiène	du —	—	au 3 avril	1879.
Jeanney......	Mathématiques	du —	—	au 31 mars	1883.
Quémont......	Botanique	du —	—	au 3 avril	1879.
Sanglier......	Comptabilité	du —	—	au 31 mars	1884.
Schneider.....	Musique	du —	—	au 3 avril	1879.
Schmith......	Anglais	du —	—	au — —	—
Vinches.......	Histoire et Géographie	du —	—	au — —	—
Mme Rengguer de la Lime	Anglais	du 11 octobre	1880	au 31 mars	1886.
d°	Histoire	du 29	—	au — —	—
MM. Sillet........	Dessin	du 11	—	au — —	1887.
Chailley.....	Comptabilité	du 20	1883	au — —	1885.
Thit.........	Musique vocale	du —	—	au — —	1884.
Wéber.......	Mathématiques	du —	—	au — —	—
Benoist......	Hygiène, Physique et Chimie	du 30	1884	au — —	1887.
Cabirol......	Musique	du —	—	au — —	1885.
Vinot.......	Mathématiques	du —	—	au — —	1890.
Mme Blondeau.....	Allemand	du 24	1885	au — —	1887.
MM. Perrier......	Comptabilité	du —	—	au — —	1890.
Vinot........	Sténographie	du —	—	au — —	—
Mme Blondeau.....	Histoire et Géographie	du 25	1886	au — —	1887.
Mme Puzin........	Anglais	du —	—	au 12 janvier	1888.
Mlle Jenny Weyer..	Coupe et Assemblage	du —	—	au 31 mars	1892.
MM. Duval........	Comptabilité et Droit Commercial	du —	—	au — —	1887.
Janneaux......	Diction	du —	—	au — —	1890.
Boyon........	Allemand	du 29	1887	(touj. en fonct.).	
Perrier.......	Comptabilité et Droit Commercial	du —	—	au 31 mars	1890.

Perrier........	Histoire et Géographie	du 29 octobre 1887	au 31 mars 1892.
Puzin.........	Dessin Artistique	du — —	— au — — 1888.
Mᵐᵉ Blondeau.....	Allemand	du 12 novembre 1888	au — — 1890.
Mᵐᵉ Mathieu......	Anglais	du — —	— au — —
Mᵐᵉ Nallet Poussin	Dessin Artistique	du — —	— (touj. en fonct.).
Mᵐᵉ Blondeau.....	Géographie	du 27 octobre 1890	au 31 mars 1893.
Boyon........	Allemand	du — —	— (touj. en fonct.).
Cottin........	Comptabilité	du — —	— (— —).
Lestrade.....	Anglais	du — —	— au 31 mars 1893.
Restiau......	Mathématiques	du — —	— au — — 1892.
Mˡˡᵉ Merlin.......	Coupe et Assemblage	du — — 1891	(touj. en fonct.).
Le Chevalier..	Histoire	du 4 novembre 1892	(— —).
dᵒ	Mathématiques	du — —	(— —).
Mᵐᵉ Lahr........	Littérature	du 30 octobre 1893	(— —).
Mᵐᵉ Pigeau Jackson.	Anglais	du 30 — —	(— —).

LISTE DES PROFESSEURS DE L'ASSOCIATION PHILOTECHNIQUE

(Section des Jeunes Gens)

MM.

Argentié, Français,	du 23 octob. 1878 au 31 mars 1881
Bienvenue, Dessin,	du — au 3 avril 1879.
Bosseau, Mathématiques,	du — au 30 mars 1880.
Coffinières, Droit communal,	du — au 3 avril 1879.
D' Gérard, Hygiène,	du — au 6 mars 1879.
Gleizes, Histoire,	du — au 3 avril 1879.
Jeanney, Mathématiques,	du — au 31 mars 1883.
Job, Anglais,	du — au 6 mars 1879.
Pécron, Dessin d'ornement,	du — au 3 avril 1879.
Portet, Comptabilité,	du — au 31 mars 1887.
Quémont, Chimie et Physique,	du — au 3 avril 1879.
Schmieder, Musique et Orphéon,	du — au —
Vinches, Allemand,	du — au —
Wargny, Français,	du — touj. en fonction.
Marrot, Anglais,	du 11 octob. 1880 au 29 mars 1881
Soulas, Histoire et Géographie,	du — —
Cottin, Comptabilité,	du 29 octob. 1881 au 31 mars 1883.
Coullon, Histoire et Géographie,	du — au 31 mars 1891.
Corsin, Dessin industriel,	du — au 31 —
Veyrat, Littérature,	du — au 31 mars 1889.
Géraldy, Physique,	du 21 octob. 1882 au 31 mars 1885.
Lémery, Dessin artistique,	du — au 31 mars 1883.
Cabirol, Musique vocale,	du 20 octob. 1883 au 31 mars 1885.
Cresson, Dessin artistique,	du — au 31 mars 1884.
Foinant, Mathématiques,	du — au 31 mars 1887.
Lebel, Comptabilité,	du — au 31 mars 1885.
Benoist, Histoire naturelle et Hygiène,	du 30 octob. 1884 au 31 mars 1887.
Geffroy, Physique et Chimie,	du — au 31 mars 1885.
Nicholas, Anglais,	du — au 31 mars 1885.
Puzin, Dessin artistique,	du — au 31 mars 1887.
M™ Batisse, Allemand,	du 24 octob. 1885 au —
Détolle, Comptabilité,	du — au 31 mars 1891.
Duval, —	du — au 31 mars 1887.
Gérard, Dessin industriel,	du — au 31 mars 1886.
Jaumet, Mathématiques,	du — au 31 mars 1887.
Lawrence, Anglais,	du — au —
Lefort, Sténographie,	du — au 19 nov. 1887.
Janneaux, Diction-Littérature,	du 25 octob. 1886 touj. en fonction.
Albert, Sténographie,	du 29 octob. 1887 au 31 mars 1893.
Léon Baillif, Dessin artistique,	du — au 31 mars 1889.
Béligne, Littérature,	du — au 31 mars 1888.
Demmerlé, Allemand,	du — au —
Dosor, Comptabilité et Droit commercial,	du — touj. en fonction.
Montagne, Mathématiques,	du — —
Bernard, Anglais,	du 12 nov. 1888 au 31 mars 1892.
Boyon, Allemand,	du — touj. en fonction.
Hélouis, Physique et Chimie,	du — au 31 mars 1891.

Caucaunier, Dessin artistique,	du 4 nov. 1889	touj. en fonction.
Adam, Allemand,	du 27 octob. 1890	au 31 mars 1892.
Baux, Histoire et Géographie,	du 26 octob. 1891	au 31 mars 1893.
Médard, Physique et Chimie,	du —	au —
Boulangé, Anglais,	du 4 nov. 1892	au —
Lavanoux, Allemand,	du —	touj. en fonction.
Fattorini, Dessin linéaire,	du —	—
Bernard, Sténographie,	du 30 octob. 1893	au 20 janv. 1893.
Cervoni, Anglais,	du —	touj. en fonction.
Cronier, Histoire et Géographie,	du —	—
Guétin, Dessin industriel,	du —	—
Laurent, Musique,	du —	—
Wisner, Histoire naturelle,	du —	—
— Physique et Chimie,	du —	—

Tableau des Conférences

OFFERTES PAR L'ASSOCIATION PHILOTECHNIQUE DE BOIS-COLOMBES

à ses Membres adhérents

ANNÉES	DATES	SALLES DES CONFÉRENCES	CONFÉRENCIERS	SUJETS TRAITÉS
1878	19 octobre.	Salle Boivin.	MM. L. Jacolliot, Président de l'Association.	*De l'Enseignement en général.*
	18 décembre.	d°	Deschanel, Député de la Seine.	*Christophe Colomb. — La Légende et la Réalité.*
1879	30 janvier.	d°	L. Jacolliot, Président de l'Association.	*Les Peuples et les Continents perdus.*
	28 février.	d°	Frédéric Passy, Député.	*La Véritable Égalité.*
	14 octobre.	d°	L. Jacolliot, Président de l'Association.	*La France coloniale. — Voyage aux Rives du Niger.*
1880	6 mars.	d°	Achille Glaizes.	*La Femme, ce qu'elle a été, ce qu'elle est, ce qu'elle doit être.*
	9 octobre.	d°	L. Jacolliot, Président d'honneur de l'Association.	*Histoire du progrès social à travers les âges.*
	5 décembre.	d°	Ricocher.	*Causerie sur la Lecture. — Le Réveil d'Enfants. — La Patte de Dindon.*
1881	29 octobre.	Salle des Bouffes.	Honoré Gritton, publiciste.	*Le Siècle de Louis XIV.*
1882	23 février.	d°	Frank Géraldy, ingénieur des Ponts et Chaussées.	*Histoire d'une Étincelle.*
	1er avril.	Salle Bergeret.	E. Talbot, Professeur au Lycée Fontanes.	*Don Juan, dans Molière et dans Mozart.*

ANNÉES	DATES	SALLES DES CONFÉRENCES	CONFÉRENCIERS	SUJETS TRAITÉS
1882	13 mai.	Salle des Bouffes.	MM. Fleury, Ancien Officier de marine.	Le Tour des Deux Amériques en une heure.
	21 octobre.	Salle de l'Union.	E. Talbot, Professeur de Rhétorique au Lycée Condorcet.	Causerie.
1883	3 février.	d°	Madier de Montjau, Député de la Drôme.	De l'Enseignement.
	21 avril.	Salle des Bouffes.	Lavergne, Secrétaire de l'Association Philotechnique de Paris.	Nos Ancêtres : Les Gaulois. — Vercingétorix.
	12 mai.	Salle Bergeret.	Frank Géraldy, Ingénieur des Ponts et Chaussées.	Les Téléphones.
	22 octobre.	Salle de l'Union.	E. Talbot, Professeur de Rhétorique au Lycée Condorcet.	L'Enseignement professionnel.
1884	26 janvier.	d°	E. Guillon, Professeur au Collège Rollin.	La Chine ; ses Rapports avec l'Europe et spécialement avec la France.
	d°	d°	Lemercier de Neuville, Homme de Lettres.	Papazzi.
	23 février.	d°	H. Cournot, Ingénieur des Arts et Manufactures.	La Fin du Monde.
	29 mars.	Salon de la Chaumière.	Rueff, Professeur à l'Association Philotechnique de Paris.	Le Devoir.
	22 mai.	Salle des Fêtes du Gd-Hôtel.	Armand Silvestre, Homme de Lettres.	La Gaité Française.
	30 octobre.	Salle de l'Union.	E. Talbot, Professeur de Rhétorique au Lycée Condorcet.	Les Beaux-Arts.
1885	26 janvier.	Salon de la Chaumière.	Edmond Nolin, Professeur à l'Union de la Jeunesse.	Balzac, sa vie, ses œuvres.
	4 mars.	d°	Catala, Agrégé de l'Université, Professeur au Lycée Condorcet et à l'École Monge.	La Science du Langage, son origine, ses progrès.

ANNÉES	DATES	SALLES DES CONFÉRENCES	CONFÉRENCIERS	SUJETS TRAITÉS
1885	21 avril.	Salon de la Chaumière.	MM. Frank Géraldy, Ingénieur des Ponts et Chaussées.	Les Amusements de la Physique.
	d°	d°	Guérout, Ingénieur Électricien.	La Physique amusante.
	24 novembre.	Salle de l'Union.	E. Talbot, Professeur de Rhétorique au Lycée Condorcet.	L'Équilibre.
1886	30 janvier.	Salle Boivin.	Frank Géraldy, Ingénieur des Ponts et Chaussées.	La Navigation aérienne.
	20 février.	Salle de l'Union.	Mesureur, Conseiller municipal de Paris.	Les Arts industriels.
	17 avril.	Salon de la Chaumière.	Dr Saffray, Officier de l'Instruction publique.	De la Vie humaine.
	25 octobre.	d°	E. Talbot, Professeur de Rhétorique au Lycée Condorcet.	Causerie.
1887	29 janvier.	d°	Frank Géraldy, Ingénieur des Ponts et Chaussées.	Histoire du Magnétisme.
	26 février.	d°	Alp. Martin, Rédacteur au Ministère de l'Instruction publique.	La Maison d'École.
	26 mars.	d°	Moreau, Ingénieur, membre du Comité de la Société des Ingénieurs civils de France.	Volcans et Tremblements de terre.
	29 octobre.	Salle de l'Union.	E. Talbot, Professeur de Rhétorique au Lycée Condorcet.	La Patrie.
1888	4 février.	Salon de la Chaumière.	Frank Géraldy, Ingénieur des Ponts et Chaussées.	L'Exposition de 1889.
	28 avril.	d°	Kownacki, Professeur à l'École de Sociologie.	La Fin du Monde d'après la Science.
	26 mai.	Salle de l'Union.	Ad. Franck, de l'Institut.	Des Conditions morales dans les Libertés politiques.
	10 novembre.	d°	M. Delhaye, maire de Colombes.	Causerie.

ANNÉES	DATES	SALLES DES CONFÉRENCES	CONFÉRENCIERS	SUJETS TRAITÉS
1889	19 janvier.	Salle de l'Union.	MM. Lavergne, Professeur d'Histoire à l'École Pompée.	*Mirabeau.*
	21 mars.	Salon de la Chaumière.	Cocuret, Professeur de Sciences militaires.	*Paris et les Défenses de l'Est.*
	26 octobre.	Salle de l'Union.	E. Talbot, Professeur honoraire de l'Université.	*La Droiture.*
1890	15 février.	Salle Boivin.	Paul Vibert, Président de l'Association nationale de Topographie.	*Le Canal des deux mers et Paris port de mer.*
	19 avril.	Salle de l'Union.	Hélocis, Ingénieur-Chimiste.	*Les Grandes Époques préhistoriques.*
	21 octobre.	d°	E. Talbot, Professeur honoraire de l'Université.	*La Loi.*
1891	20 janvier.	d°	Robert Bernier, publiciste.	*Montcalm et le Canada français.*
	18 février.	d°	Lamquet, publiciste. 1er Adjoint au Maire du XVIIIe arrondissement de Paris.	*Pierres précieuses : Le Mont St-Michel.*
	24 octobre.	d°	E. Talbot, Professeur honoraire de l'Université.	*La Politesse.*
1892	4 février.	d°	Auguste Moreau, Ingénieur, Adjoint de Bois-Colombes.	*L'Islande de nos jours.*
	31 mars.	d°	Lamquet, Vice-Président de la Société Républicaine des Conférences populaires.	*Théophraste Renaudot (Création du Journal en France en 1631).*
	29 octobre.	d°	Auguste Moreau, Ingénieur, Membre du Comité de la Société des Ingénieurs civils de France.	*L'Eau.*
1893	11 mars.	Salle municipale du Marché de Bois-Colombes.	Daniel Berthelot, Dr ès Sciences, Président de l'Union de la Jeunesse.	*La Femme au XIXe siècle.*
	29 avril.	d°	Parisse, Ingénieur des Arts et Manufactures.	*L'Eau Potable.*

ANNÉES	DATES	SALLES DES CONFÉRENCES	CONFÉRENCIERS	SUJETS TRAITÉS
1893	28 octobre.	Salle municipale du Marché de Bois-Colombes.	MM. Argentié.	*L'Art de bien lire.*
	18 décembre.	d°	Mme Lahr.	*La Colonisation.*
1894	24 février.	d°	Dr Léon Petit.	*Histoire d'une Nourrice.*
	14 avril.	d°	Auguste Moreau, Ingénieur, Adjoint de Bois-Colombes.	*Le Canal des Deux mers.*

DISTRIBUTION DES PRIX

DE

l'Association Philotechnique

1879	15 juin.	Présidence de MM. BLANCHE, conseiller général.
1880	13 juin.	— — DESCHANEL, député de la Seine.
1881	17 juin.	Présidence de M. TALBOT, professeur au lycée Fontanes, chevalier de la Légion d'honneur.
1882	4 juin.	Présidence de M. TALBOT, professeur au lycée Fontanes.
1883	10 juin.	Présidence de M. TALBOT, professeur au lycée Condorcet, membre du Conseil académique de Paris.
1884	6 juillet.	Présidence de M. TALBOT, délégué de M. le Ministre de l'Instruction publique.
1885	4 juin,	Présidence de M. TALBOT, Officier de la Légion d'honneur.
1886	30 mai.	d°
1887	22 mai.	d°
1888	1er juillet.	d°
1889	30 mai.	Présidence de M. TALBOT, professeur honoraire de l'Université de France.
1890	14 juin.	Présidence de M. BAILLY, conseiller général, chevalier de la Légion d'honneur.
1891	31 mai.	Présidence de M. TALBOT, professeur honoraire de l'Université de France.
1892	26 juin.	Présidence de M. TALBOT, professeur honoraire de l'Université de France.
1893	28 mai.	Présidence de M. LAMQUET, 1er adjoint au Maire du 18e arrondissement de Paris, Officier d'Instruction publique.
1894	6 mai.	Présidence de M. TALBOT, professeur honoraire, délégué de M. le Ministre de l'Instruction publique.

LIVRETS OFFERTS

PAR

l'Association Philotechnique

A SES ÉLÈVES

1879	Marie Petit.	1888	Charles Portier.
—	Juliette Audoin.	1889	Jeanne Franceschi.
—	Léon Meunier.	—	Louise Lahaye.
1880		—	Célestine Béreau.
1881		—	Paul Langou.
1882		—	Georges Frétier.
1883	Jules Troublé.	—	Désiré Landrin.
—	Gaston Dauly.	1890	Jeanne Nicol.
—	Bignon.	—	Victoria Houdeville.
—	Stéphane Léon.	—	Georges Ligat.
—	Bourjot.	—	Désiré Landrin.
—	Charles Victor	1891	Victoria Houdeville.
—	Elisabeth Donret.	—	Emile Dumesnil.
—	Marthe Portet.	—	Gabrielle Jest.
1884		—	Valentin Dohlen.
1885		1892	Jeanne Nicol.
1886	Jean Duchemin	—	Marthe Chibon.
—	Louis Maxin.	1892	Edouard Morin.
—	Berthe Papavoine.	—	Alfred Galland.
—	Blanche Dubois.	—	François Chaussis.
1887		1893	Jeanne Nicol.
1888	Marie Vincent.	1894	Jeanne Debaupte.
—	Célestine Béreau.	—	Albert Barratte.
—	Victor Legendre.		

Malheureusement il ne nous a pas été possible de reconstituer cette liste en entier.